名师名校名校长

凝聚名师共识
回应名师关怀
打造名师品牌
培育名师群体

　　　　　张晓远题

# 历史思维化、信息化、游戏化教学探索

## 郑耿标名师工作室课改实践与成果

郑耿标 罗秀萍 / 编著

中国出版集团 现代出版社

**图书在版编目（CIP）数据**

历史思维化、信息化、游戏化教学探索：郑耿标名师工作室课改实践与成果 / 郑耿标，罗秀萍编著. —北京：现代出版社，2022.3

ISBN 978-7-5143-9793-2

Ⅰ.①历… Ⅱ.①郑… ②罗… Ⅲ.①中学历史课—教学研究 Ⅳ.①G633.512

中国版本图书馆CIP数据核字（2022）第042430号

# 历史思维化、信息化、游戏化教学探索：郑耿标名师工作室课改实践与成果

| | |
|---|---|
| 作　者 | 郑耿标　罗秀萍 |
| 责任编辑 | 张　璐 |
| 出版发行 | 现代出版社 |
| 地　址 | 北京市安定门外安华里504号 |
| 邮政编码 | 100011 |
| 电　话 | 010-64267325　64245264 |
| 网　址 | www.1980xd.com |
| 印　制 | 北京政采印刷服务有限公司 |
| 开　本 | 710mm×1000mm　1/16 |
| 印　张 | 10.25 |
| 字　数 | 164千字 |
| 版　次 | 2022年3月第1版　2022年3月第1次印刷 |
| 书　号 | ISBN 978-7-5143-9793-2 |
| 定　价 | 58.00元 |

# 前 言
## FOREWORD

自成为深圳市龙岗区初中历史名师工作室的主持人之后，我常常参加一些兄弟学校组织的教研活动，或者进行观课评课，或者开设讲座，或者担任评委。当组织方介绍我为"专家"之时，自己常常不免心虚，感觉受之有愧。

我不是专家，只是喜欢思考问题而已，可能比其他一线教师思考得更多了一些。这也许源于我对思维教学的钟爱，如果我都不喜欢思考，那么我如何去教学生学会思考呢？思考对于人来讲是再自然不过的事情。人无时无刻不在思考，就像无时无刻不在呼吸一样。但正如杜威所言，胡思乱想也是思考，它无助于人认识世界，也无助于人解决问题。思维缘于遇到了某种困惑或怀疑。遇到一个困难，人就会联想到怎么办。但如果联想到的见解就接受下来，那就是比较差的思维。如果能够在脑中思考一番，探索更多的证据、咨询，证明之后再做出决定才是好的思维。

之所以将名师工作室的研究方向定于如何进行思维教学，还因为我们所处的信息化时代，每天通过有线、无线网络产生的海量信息，将我们淹没其中，难以辨别。信息化时代是最好的时代，但也是最糟糕的时代。说它好，是因为给我们带来了太多便利。足不出户，可以买尽天下美食、美物，看尽天下美景，闻尽天下诸事……但信息化时代，也使人进入"后真相时代"，各种真假难辨的信息传播之快，使得网络成为喧嚣之地。真真假假的信息，如何才能辨别它们，这就需要我们具备批判性思维了。但批判性思维并非天

1

生就有的，它需要我们教师教给学生，训练学生成为一个批判性思维者。从某种意义上看，批判性思维是信息化时代的生存必备技能。因为网络谣言、谎言产生的效果，由于其传播速度远远大于传统媒体，产生的负面效果也更大，甚至危及个人的生命。

当然，我们也不能拒绝信息化时代。我们应该勇敢地拥抱这个时代，因此历史教师也应该学会如何利用信息化工具服务于教学。信息化时代已经使某些传统行业举步维艰，甚至消失于世。比如线下书店，如今踪迹难寻。又如纸币和银行，竟然开始有了生存的危机。教师难道就不会面临那一天吗？"双减"政策下，传统辅导班的教师面临转型危机。未来没有假设，但我们应该积极去应对，学习信息化工具可以让我们更加强大，走得更加远。

至于游戏，有谁不喜欢呢？尤其是学生。但如何将游戏融于历史教学之中，这恐怕是很多历史教师未曾接触过的新鲜事物。我们尝试着把游戏的元素加入历史课堂中，让历史知识的记忆更加轻松愉快。或者我们还可以做得更好。在游戏中，既能记忆历史知识，又可以提高历史思维。这是我们一直在探索的教学方向。

能走到今天，除了感谢我的家人之外，特别感谢宝龙学校的涂源安校长，是他不断督促和帮助我在专业上成长。感谢龙岗区教科院（教师发展中心），提供了一条明晰的教师成长路径，才使得这本小书得以面世。本书的完整育人理念源于涂源安校长多年的研究和思考，这也是本书的主要研究视角。工作室的罗秀萍老师参与了第二章关于接引性学习单、思维可视化工具和微课部分的撰写。本书也使用了工作室的袁晓云、曾燕玲、黄清娟、李敏、洪梓萍、张蕾等老师的一些论文和教学设计，在此特表示感谢。

虽然有完整育人理论的指导，但很多做法可能仅仅是经验之谈。若能对历史教师有所启发，这就足够了。

编 者
2021年12月

# 目 录
CONTENTS

第一章

## 历史"三化"课堂探索缘起

第二章

## 工作室初中历史"三化"课堂探索

第三章
# 初中历史思维化课堂研究成果

第四章
# 信息化游戏化课堂研究成果

# 第一章

## 历史「三化」课堂探索缘起

# 第一节　完整教育课程改革实践

2012年，硕士研究生毕业后，我来到了深圳市龙岗区工作。在经历了高强度及激情四射的岗前培训之后，我进入了一所街道的九年制学校。同事们都笑言这是一所"村小"。学校位于城中村之间，虽然同事之间相处得非常和睦，但学校的发展理念还是比较传统，以应试为导向，经常忙忙碌碌却不知为何。当时我的内心比较苦闷，觉得处于忙、盲、茫的状态，对自己的专业发展前途也产生了疑惑。

幸运的是，在师傅陈景宜介绍下，我来到了宝龙学校。虽然它是一所街道学校，但涂源安校长是一位非常热爱学习新知识、充满教育情怀的校长，数年来致力于课改，期望办一所"培养优秀的人"的学校。来到宝龙学校的第一年，我担任年级组长，但管理工作非我所长，虽然我购买了很多书籍，努力在这一方面提升自己，却还是略感吃力。在第二年的时候我就转任科组长，一心往专业成长之路发展。基于宝龙学校完整育人的思想，我在教学中进行了许多尝试，也收获了许多成果。

宝龙学校的完整育人思想符合马克思主义培养全面发展的人的思想，并且进行了深度的阐述，旨在培养知情意行和谐发展的社会主义新人。对于培养全面发展的人，我一直存在误解，以为就是要培养各个学科都擅长的人，实际上这很难做到，由此我也曾多次提出质疑。而涂源安校长对完整的人的阐述则很好地解答了我的疑惑：我们培养的人本身就是一个整体，基本包含了知、情、意、行四个维度,而教育是要让个人在这四个方面都得到和谐发展。在传统教育中,教师往往只重视发展学生的知识,将知识增长作为教学最重要的甚至是唯一的目标,忽视了对学生的情感态度与价值观、意志品质和实践能力的培养。

在这一方面,历史教学则显得特别突出。当然这也不能完全怪历史教师,毕竟历史是一门以叙事为特征的学科。但这并不意味着历史教师就只能专注于历史知识的传授,而对学生其他方面的发展视而不见。随着学校课改的推进,我的历史教学观也产生了重大的变化。在此之前,我关注的是课堂的教学任务是否已经完成,也就是以教学内容的传授为目的,而如今我更关注的是学生的学习状态。他们在学习吗?他们是否已经学会啦?他们喜欢历史吗?他们能否将所学的历史知识运用于现实问题的解决之中?

在此期间,宝龙学校也由一所默默无闻的街道学校成为龙岗区的课改典型学校,多次受到区里的表彰。一批又一批兄弟学校的同行走进宝龙学校,走进我们的课堂,想要知道我们学校课改成功的秘诀是什么。受到宝龙学校的熏陶和领导的关怀指引,我也慢慢地成长为龙岗区骨干教师,进而成功评为龙岗区名师工作室主持人,还加入了广东省基础教育研究基地(深圳市初中历史),成为核心组成员和学院导师。而这一切都与宝龙学校浓厚的教研氛围及进取的改革精神分不开。

(深圳市龙岗区宝龙学校　郑耿标)

# 第二节　名师工作室的成立与教研实践

　　2020年8月，我的名师工作室成立。如前文所言，工作室的成立与学校的课改和领导的关心是分不开的。除此之外，龙岗区教师发展中心也对我个人的成长发挥了非常重要的作用。2017年，我成为龙岗区第四批骨干教师。在龙岗区教师发展中心的安排下，我多次参与了集中培训，结识了龙岗区许多优秀的教师伙伴，并且有机会到上海、南京和武汉等地实地参观与学习。这段学习经历对我的成长弥足珍贵，使我逐渐蜕变为一个喜欢思考教育教学问题并力图教学创新的历史教师，这也坚定了我走专业化发展道路的信念。区级名师工作室的成立也得到了许多专家、领导和同行的支持，如我的博士研究生导师张广君教授、硕士研究生导师黄牧航教授、华南师范大学历史文化学院特聘教授王继平教授、深圳市教育科学学院初中历史教研员唐云波老师、深圳市教育科学学院李敏博士、龙岗区初中历史教研员蒋小平老师等。成立工作室之后，近30位龙岗区的优秀初中历史教师加入了工作室，成为成员和学员。在秉持完整育人的理念下，我们工作室选定了思维化、信息化和游戏化教学为工作室的研究方向。之所以选择信息化教学为研究的一个重要方向，则是因为我们身处于信息化的时代洪流之中，历史教学不可能逃避这种趋势，而是应该勇敢地接受它并且将它应用于历史教学之中。信息化改变了我们的生存和生活方式，如我们办公已经离不开电脑，教学已经离不开PPT，购物已经实现了无纸币化的手机支付……游戏化教学的选择则是由于前期我已经做了一些此方面的研究，如通过橙光游戏开发了历史网页游戏，还申请了一个国家级课题，且移植了一些综艺节目上常用的游戏于历史教学中，取得了良好的成效。历史教学确实离不开知识的掌握，但海量的历史知识又增加了学生的负担，单靠死记硬背会打击学生学习历史的积极性，产生厌学的情绪。而作为中学生，对于游戏有天然的喜爱之情，将历史知识融于游戏活动之中，大大减轻了学生的记忆负担，使得历史学习充满趣味性，增加了学生学习历史的兴趣。最后，思维化教学源于我对批判性思维教学的兴趣。所教学的学生已然是"网络时代原住民"，在面对海量信息的时候，尤其是当中夹杂着大量以"知识"为外包装但实质是偏见、错误、欺骗的信息，他们往往容易不加区分地接受它们。因此，信息化时代的学生缺乏的不是知识，而是正确分析信息和做出合理决策的能力，即批判性思维能力。此外，学生还需要拥有在激烈的社会竞争和国际竞争下脱颖而出所需要的创造性思维能力。创新能力不足一直是我国存在的一个痼疾，已经严重制约了我国经济质量的提高。近年来，西方国家不断地在高科技领域试图给我国企业"卡脖子"，从而阻止我国企业在国际上的发展步伐，如华为就因为芯片问题而陷入困境，手机业务受到严重打击。

因此，为了适应人的发展需求和国家民族的发展需求，在初中历史教学中培养学生的思维能力显得尤为迫切。需注意的是，在完整育人这一理念下这三个方面的研究并非孤立的，而是可以相互融合和相互促进的。工作室成立之后，我们依照这三个研究方向多次开展教研活动，如请来专家讲学和走进课堂实践，开展新教师培训和帮扶活动，申请市区级多项课题并成功结题等。

（深圳市龙岗区宝龙学校　郑耿标）

# 第三节　初中历史教学的现状分析

自华南师范大学硕士研究生毕业之后，我就成为一名初中历史教师。彼时深圳市正在进行中考改革，初中历史刚从历史与社会中分离出来，成为独立的一门学科。2012年至今，我也担任了近10年的初中历史教师，对于初中历史教学的现状认知仅仅基于我的现实观察和文献分析，不当之处敬请指教。

首先，初中历史教学目标被严重窄化。当前初中历史教学还是以知识型教学为主，这种教学思想的主要特征是将学生的头脑视为接受历史知识的"容器"。所以，历史课堂的任务就是尽可能地让学生掌握相关历史知识。课本中有的知识当然需要掌握，许多历史教师还补充了更多的历史知识，生恐遗漏了知识点。而评价的方式则是以学生的知识多寡和记忆牢固与否为准则，换言之，记忆力好的学生多半就是学习历史的高手，常常可以取得好成绩。但是一旦离开了学校，许多学生便将历史知识遗忘了，仿佛从来没有学过一般。著名物理学家爱因斯坦说过："当在学校所学的一切全部忘记之后，还剩下来的才是教育。"我们在辛辛苦苦教学几年历史之后，究竟会给学生留下什么是值得好好反思的问题。事实上，许多历史教师所专注于传授的历史知识是容易被学生遗忘的，因而它绝非教育之中最重要的东西，也很难影响学生的终身发展。在爱因斯坦说出这句话的时候，人类社会还没有实现信息化，而今天我们的学生动下手指头就可以查到所有的历史知识，记住这么多的历史知识还有多少重要的价值呢？

比知识更重要的教学目标是什么？下面的一些目标都是可能的方向，如对历史学科的热爱之情，再如解决历史乃至现实问题的能力，又如树立正确的人生观、价值观和世界观。一个知情意行和谐发展的人，绝对不可能只通过学习知识就可以得到培养。历史教学的目标需要重新设定，不管是三维目标还是核心素养目标，都不能成为写于教案本上形式化的存在，而是应该实实在在地体现于教学过程之中，体现于教学评价之中。

其次，新课改的初中历史教学方式的转变被简单化理解。在新课改后"自主、合作、探究"成为历史教师常常挂于嘴边的流行语。但很多历史教师对于"自主、合作、探究"的理解极为狭隘，认为自主就是让学生自学，如很多教学法都提倡先学后教。先学就一定优于教与学的同步进行吗？这是一个值得商榷的问题。然而，目前的主流做法还是主张学生应当对新课进行预习。但有许多学者非常排斥预习，认为预习会让学习内容的新鲜感丧失，直接影响学生的学习兴趣，导致学生在课堂中注意力下降，从而影响学习效果。这种先学后教还有一个很大的误区是教师完全放手让学生自学，而忽视了教师教的指导作用，存在盲目性，学生的学失去了方向，从而影响了学习的效果。也有的教师在课前发给学生一张学单，让学生通过完成学单的方式进行先学。然而这些学单不外乎是大量的练习，学生一方面要完成课后的巩固练习；另一方面又要完成新课的学单，这无疑大大加重了学生的学习负担。在国家提倡"双减"的背景下，作业量的加重肯定是违背相关部门要求的。"自主"并非完全舍弃教师的作用，或是仅仅提供一张练习单，自主应当体现于教学过程之中，通过巧妙的活动或任务设计让学生意识到自己才是学习的主人，充分发挥学生的主观能动性。"自主"是激发、唤醒，而不是形式上的"先学后教"。而"合作"则往往沦为形式，为了合作而合作，在公开课合作而平常课则不合作。至于合作的目的、方法、内容是什么，则完全不在教师的考虑之内。事实上，如果一个任务是学生独立可以完成的，那么合作学习则完全无必要。所以，教师应该选择合适的内容即恰当难度的问题，才能使合作学习成为可能。合作学习还需要对组内成员进行明确的分工，不能仅仅是由某个学生完全解决问题，其他学生则作壁上观。合作学习的形式可以多种多样，但成果汇报和小组竞赛是必要的，否则合作学习就失去动力。历史教学的探究活动在新课改后也逐渐开展了起来，很多教师也开始重视史料教学，能够将史料教学和探究活动结合在一起。但这种史料探究活动在教学过程中仅仅作为点缀的情况还是较为常见的，许多教师还喜欢将史料作为辅助教材结论的方式呈现出来，而不是作为培养学生史料实证历史思维的工具。真正的探究则是应该以一个主题为目标，将整个教学过程与探究结合在一起。显然，当前这种探究教学还不够"大胆"，很多历史教师仍然担心探究活动多了，教学内容也就完成不了，因此需要历史教师勇于突破常规思维。

（深圳市龙岗区宝龙学校　郑耿标）

# 第四节　完整育人视野下的历史教学的超越

　　为了在初中历史课堂中培养"完整的人",确保学生成为知情意行和谐发展的人,也许我们历史教师可以在以下几个方面做出一些改变。

## 一、教学目标的超越

　　首先是教学目标的超越。教学毕竟是育人的工作,我们教学的对象是人而非容器。在历史教学中,我们必须改变以往将历史知识积累作为最重要教学目标的做法,而是要重视学生其他方面的发展。当然,不是说完全不要历史知识了,而是将历史知识的掌握视为较次要的目标而非主要的目标。知识是手段而非目的,不能本末倒置。在教学中,我们使用知识来发展学生的素养,学生则使用知识来解决问题,并在解决问题的过程中提升个人的能力。例如,在教学九年级上册《世界历史》第一单元"古代亚非文明"的时候,我们不能只是想着学生在学习了这一单元后,能够记住古埃及、古代两河流域和古印度几个文明位置在哪里,文明有哪些特色,取得了哪些成就,而是应该让学生通过阅读地图了解几大文明产生的地理条件是什么?有什么共同特点?对文明的发展产生了怎样的影响?几大文明的共同点是什么?不同之处又在哪里?这样,学生才能利用知识来解决问题,培养学生解决问题的能力和相关的历史核心素养,并在此过程中由于知识的使用而加深对历史知识的理解。

近年来，中高考历史题型已经越来越体现思维含量，而不是仅仅考学生对知识的掌握。例如在2021年广东的历史中考中，几乎就找不到一道单选题是考查学生的记忆能力的，大部分题目都是给学生提供一段史料，要求学生对史料进行推理，得出合理的解释。如选择题第四题。

隋初有官员进表，称："窃见当今郡县，倍多于古，或地无百里，数县并置，或户不满千，二郡分领。"这说明当时（　　　）。

A. 分封制度盛行

B. 全国户口众多

C. 土地兼并严重

D. 郡县数量过多

由材料可知该官员认为隋朝初年郡县比以前朝代多很多，因此可以推出答案是D。

中高考题型的改变是一个风向标，即国家教育部门越来越重视通过历史教学来培养学生的核心素养和思维能力，而不是记忆历史知识的能力。实际上，如果我们翻阅教材的话，很难找到隋朝初年对于郡县状况的描述。因此，即使背诵能力再强的学生，也不可能得知关于隋朝郡县的情况，因此此题是不可能依靠记忆知识来解决的。相反，如果在平时就让学生通过阅读史料做出推论来培养学生的逻辑思维，遇到这样的题目则很轻松就能得出正确答案。当然，我们并不是鼓励应试教育，将历史教学异化为应试的手段，毕竟教学的着眼点是人。但是，我们也应该重视中高考这种选拔性考试对于学生人生发展的意义。并且，我认为考试与完整育人实际上并不存在冲突。一个知情意行和谐发展的人，其考试能力必然也会比其他不完整发展的人更加优秀。例如，一个意志坚定的人往往具有很强的专注能力，能够排除干扰，心无旁骛地专注于某项事业中。又如，一个行动力强的人雷厉风行而不拖延，也有助于知识的积累和能力的提升。因此，无论是从理想还是从现实的角度来看，初中历史教学目标的设置都应该超越历史知识，跃迁至思维能力和核心素养的层次，乃至完整育人，才能适应当前的中高考发展趋势，才能培养出完整的人。

## 二、教学方式的超越

新课改之后，初中历史课堂的教学方式越来越丰富，这是巨大的进步。在我的读书时代，历史教师往往从头讲到尾，很少与学生互动。如今的历史课堂，教师已经习惯了与学生互动，教学本质上就是一种特殊的交往活动，对话与互动符合教学的本体要求。

然而，我们在课堂中却也发现这种对话往往流于表面，问题的提出缺乏思维含量，总是围绕着知识内容在打转。例如，许多历史教师提问最多的是what（什么）、when（什么时候）、who（谁）这一类的低层次问题。即便是提问较高层次的why（为什么）、how（怎么）等问题，也经常是学生可以在课本中找到答案的问题。然而许多历史教师并不自知，仍然乐此不疲地认为自己的教学是符合课程改革理念的。这样的互动其实对于发展学生的核心素养和思维能力作用极其有限。

根据布卢姆的认知目标分类学可知，知识和了解是六个等级中最低层次的，目前许多教师的提问设计基本停留于此层次。而较高层次的应用、分析、综合、评价则较少涉及。课堂的时间极其有限，师生间的互动应该指向更高层次的认知目标，而不是将宝贵的时间花在这种并没有多大意义的基于知识的问答之中。同时，教学的方式也应该多样化，而不应限于满堂问。历史教师可以开展史料探究、游戏教学、话剧表演、角色扮演等多种活动，丰富的课堂教学方式有益于提高学生历史学习的兴趣。

值得注意的是，在我参与的一些公开课中，往往见到教师让学生在课堂上表演历史剧，效果也不错。但当我问及平时会不会也让学生表演历史剧时，该老师说只是在公开课的时候才会这样做。那么，为什么平时不做呢？因为平时并没有那么多时间来准备这样的活动。也许有的历史教师认为这样费时费力的事情，只能在公开课的时候才会去做。但换种思路，我们可以成立历史剧社团，在平时就排练与该学期相关的历史剧，把它们录制成视频，在课堂上直接播放，也是一个不错的选择。这样既可以免去突然紧急排练历史剧的慌乱，也可以摆脱形式主义的嫌疑。

在进行各种教学活动设计的时候，除了讲究高质量的教学效果外，也应该灵活地采取现实手段。否则，教学方式的改变依旧流于表面，无法真正改变历史教学的现状。在教学方式的创新方面，历史教师应该发挥想象力，使课堂真正成为学生参与、学生喜欢与学生深度思考的场所。

## 三、教学评价的超越

余秋雨在其历史散文《十万进士》中严厉地批评科举制度。他认为科举制度初衷是好的，但后来为了一味追求公平，越趋保守，丧失了选拔人才的作用。我们的中高考也必须走出这种误区，虽然中高考"一考定终身"貌似公允，但考查的方式仅仅是纸笔考试，很难考查出一个人的整体素质。从某种程度上来讲，又何尝不是一种不公平。

依据哈佛大学教授霍华德·加德纳（Howard Gardner）提出的多元智能理论：智能是多元的，每个人身上至少存在七项智能，即语文（linguistic）、数理逻辑（logical mathematical）、空间（spatial）、肢体动觉（bodily kinesthetic）、音乐（musical）、人际（inter personal）、内省（introspective），甚至更多类型的智能。而传统的纸笔考试具有很大的局限性，大多只强调逻辑数学和语文（主要是读和写）两个方面的发展。传统IQ智力测验也仅涵盖逻辑数学、语文和空间智能。但这并不是人类智能的全部。不同的人会有不同的智能组合，例如：建筑师及雕塑家的空间感（空间智能）比较强、运动员和芭蕾舞演员的肢体能力（肢体动觉智能）较强、公关的人际智能较强、作家的内省智能较强等。

对思维教学颇有研究的斯滕伯格则提出，人至少包含了三种思维方式：分析性思维、创造性思维和实用性思维。这三种思维方式各有所长，可以有针对性地解决不同的问题。然而，当前我们的教学更加强调分析性思维，而忽视另外两种思维方式的培养。在评价方面也侧重分析性思维，而不重视另外两种思维的评价。于是,当学生离开学校走向社会之后,他们既缺乏创造性思维,又不能灵活地解决实际问题。长期的思维惯性让他们仅仅适合解决一般的学术性问题,不擅长解决生活和工作中的问题。

无论是加德纳还是斯滕伯格,他们都非常强调一种整体性的评价方式,而非片面性的评价方式。教学评价具有强大的导向作用,尤其是中高考这种选拔性评价更是如此。因而,教学评价应该与时俱进,尽快改革才能适应社会和国家发展的需要。

当然,对于我们历史教师而言,也不是不能在平时的教学评价中做出改变来促进学生的整体性发展。如在平时的作业布置或总结性评价中,我们可以适当增加表现性评价,使学生充分发挥自己的智能长处。在纸笔考试中,也可以采用或编制能够考查学生不同思维能力的题目,以此来促进学生思维的整体生长。

(深圳市龙岗区宝龙学校  郑耿标)

第二章

工作室初中历史『三化』课堂探索

# 第一节 完整育人与"三化"课堂

结合张广君教授的生成论教学哲学可知，教学是人为的事物，也是为人的事物。教学并非自然产生的事物，而是人类社会在其历史发展过程中所发明的新的事物。教学产生的目的是培养人。至于培养什么样的人，每个历史时期由于政治、经济和社会的要求而有所不同。如在封建社会，教学所培养的人必须是服从封建统治者的，维护其统治的。因而，教学出的人熟读经书，深谙封建礼教。"君为臣纲，父为子纲，夫为妻纲"等思想在今天看起来匪夷所思，但在封建社会确是理所当然的事情，因而在一些朝代成为学校教学的主要内容之一。当然，随着时代的发展，我们的价值观也产生了巨大的变化，今天的我们不能再要求教学培养这样的人了。教学虽然依旧受到政治、社会发展的需要的约束，但也更多地体现了培养出理想的人的追求。教学中的"人"，由为统治阶级服务逐渐地转变为全民服务。

那么，在当今我们要培养的是怎样的人？马克思认为，"人以一种全面的方式，也就是说，作为一个完整的人，占有自己的全面的本质"。完整的人是马克思主义全面发展教育思想的培养目标。在宝龙学校的课改过程中，涂源安校长潜心研究马克思主义"完整教育"思想数年之久，对此颇有心得，建构出完整的人的高山模型（见图2-1-1）。

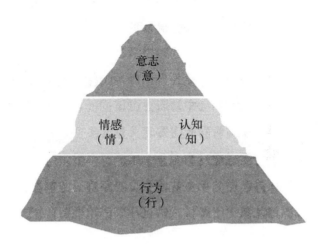

图2-1-1　完整的人——高山模型

完整的人包含了四个维度，即意、情、知、行四个维度。完整的人还包括三个层次，即生理层次、心理层次和社会素养。涂源安校长认为："人的发展不仅是知识的增长、认知能力与实践能力的提升，还有情感的丰厚、人格的完善、价值观的提升及信念与意志的坚定等。但是，这些成长要素不是简单机械地相叠加，而是在自我意识主导下实现各要素的内在一致性、完整性的整体提升，也就是在人的生命机体和谐统一的基础上实现人的精神与身体的和谐和统一。"在完整教学的实施中，个体自我管理的教育是一个非常重要的方面。正如著名心理学著作《少有人走的路》第一部分卷首所言："自律是解决人生问题最主要的工具，也是消除人生痛苦最重要的方法。"无论是解决学习问题还是人生问题，自我管理能力都是最重要的能力。但是，在以往的教育教学中很少有教师关注到这一方面，也很少有教师将其列为教学的优先项目。

人作为内在与外在的统一体，完整育人不仅关注学生的外在行为，更关注学生内在的意志、情感和认知等因素。内因决定了外因！从根本上讲，人的发展取决于人的内在因素的发展，然而内在的发展必然会导致外在行为的发展。外在行为也反过来影响了个体内在因素的发展。因此完整育人教育思想剖析了人的本质，大大拓宽了教育者的视角，从本质上把握住了教育教学的出发点和归宿。完整教学的运行机制如图2-1-2所示。

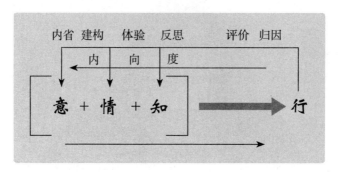

图2-1-2

从完整育人这一观点出发，历史教师不能再将学生视为一个接受知识的容器。传统的讲授法饱受诟病的原因就是将教学作为单方面输出的手段，而学生仅仅是被动接受知识。新课改后，许多教师改变了那种灌输式教学，利用问答、讨论等方式来改变知识增长的方式。尽管这是一种进步，但仅仅以增长知识为目的，其着眼点仍然是知识的增长而非人的全面发展。

综上所述，初中历史"三化"课堂指的是在初中历史课堂中，通过运用信息化工具，采取游戏化教学方式，以促进学生历史思维能力发展为关键目标，进而培养知情意行和谐发展的个体的完整课堂。

（深圳市龙岗区宝龙学校　郑耿标）

# 第二节　课前独学的设计与实施

　　课堂教学改革作为课程改革的核心，也是整个课程改革推进中最为坚硬的堡垒。在今天，课堂教学改革的出发点和归宿是让学生掌握科学的学习方式，学会学习，学会创造，和谐发展，从而提高教育教学的质量。如何实现课堂教学的变革？宝龙学校提出"培养完整的人"，这一理念反映在课堂教学中即是构建意情知行合一的"完整课堂"。

　　"完整课堂"的目标是实现以教为中心向以学为中心转变，让真正的学习在学生身上真正地发生。要实现学生"真正的学习"，课前全身心地投入对将要学习的主题进行自主的探究则是学习至关重要的第一步，因此教师对课前独学部分的设计就显得尤为重要。

　　我们一直都在致力于研究学生高效课前独学的方式，充分利用接引性学习单、思维可视化工具和微课的方式展开课前独学设计。

## 一、接引性学习单设计与运用

### 1. 接引性学习的定义

　　所谓接引性学习，广义地讲，是以学为中心，以交往与对话为基本形式的学习，它的特点是以教师设计的接引性学习单为依据，通过学生的独立学习、小组合作学习以及班级群学习等方式而实现。接引性学习单的设计是整个教学活动的关键，学生在接引性学习单引导下的独立学习则是整个教学活动的基础。因此，从狭义上讲，学生在接引性学习单的指导下开展的独立学习称为接引性学习。

**2. 接引性学习单的特点与要求**

接引性学习单具有两大优势：一是直指根本的学习路径设计；二是有效的学科兴趣与学习热情激发。学生通过独立完成接引学习单来完成从旧知识到新知识的过渡，展开新的学习过程。其具体设计要求是："三接"：承接学生原有的学习状态、学习基础和学习习惯；链接学生真实的生活与经验；嫁接新旧知识与方法，架设新旧知识、新旧方法之间的桥梁。"三引"：引领学生的学习方向，引发学生的学习欲望与学习需求，引爆多维的对话与交往。"三入"设计原则：学习门槛低入，学习本质趋入，学习情境趣入。

## 二、接引性学习单设计的原则

**1. 简单、低入原则**

"简单"首先指的是重视基础，重视最基本的技能。"低入"指的是门槛低，降低起点"接"学生，设置情境"引"学生，不能让学生无从下手，要让学生有话可说，有活可干。

比如在学习七年级上册第3课"远古的传说"时，可以设计如下接引性学习："你能说说我国关于人类起源的神话与传说吗？你知道盘古开天、女娲补天、后羿射日的故事吗？你知道关于炎帝、黄帝的传说吗？你知道尧舜禹吗？你知道'大禹治水'的故事吗？你知道在部落时代是怎么选举部落首领的吗？什么叫禅让制？"

"盘古开天""后羿射日""大禹治水"这样的故事，学生在小学阶段都已经非常熟悉了，设计这样低门槛的问题，可以承接学生已有的旧知识，让学生体验熟悉的学习情境，引发学生学习的欲望与需求。"如何产生部落首领？什么叫禅让制？"这些问题是本课的核心问题。接引性学习单问题的设计由简单到复杂，一步步指向核心内容。这也是基于如下考虑：简单是让每一个学生在完成学习单时有文可写，让每一个学生在小组合作讨论中有话可说；复杂是为了充分调动学生自身知识的广度以及思维的深度，最大限度地挖掘学生内在的潜能。

接引性学习单这样的问题设计可以让每个学生在他们相应的层次中获得相应的收获，这样学生会获得一种愉悦、成功的体验，久而久之，学生自主学习的兴趣就会浓厚，自学能力就会提高，而学生的自我价值感也会不断得到提升。

### 2. 根本性原则

这是指抓住事物最基本、最核心的要素，并抓住知识的根、源、线、脉。

例如，八年级上册第2课"第二次鸦片战争"的接引性学习单"本课核心问题探究"的设计：为什么说第二次鸦片战争是鸦片战争的继续和扩大？

这个问题的设计符合学习单设计的根本性原则。因为它抓住了本课最核心的价值和课堂上最重要的内容。学生在自主预习的时候能够对列强发动战争的目的、所获得的利益以及对中国社会造成的影响进行比较分析，得出两次战争中列强的目的是相同的，列强所获得的在华利益是越来越多的，而中国半殖民地化程度是进一步加深的，进而得出第二次鸦片战争是鸦片战争的继续和扩大的结论，这是直指课堂本质的问题。学生进行分析时可能会有一定的难度，但却能引导学生去解决最根本的问题。

### 3. 开放性原则

接引性学习单的问题（或者活动）的设计，指向结论不封闭、不单一，要让所有的学生都有开口表达自己观点的机会，同时也能培养学生从不同角度去阐述、解释问题，开拓学生的视野和思维。

例如，八年级下册第2课"抗美援朝"学习单问题的设计：中国人民志愿军被誉为"最可爱的人"，你知道哪些英雄呢？你了解他们的故事吗？请你查阅书本或者通过网络搜索，整理两到三位英雄人物的事迹，与同学们一起分享。

接引性学习单的问题（或者活动）的设计，不仅可以是书面的，还可以通过实践、考察、体验等方式去完成。

例如，学习八年级下册"对外开放"这一课，作为改革开放排头兵、缩影的深圳有着太多的可以参观、实践、考察的地方。这一课的学习单设计可以让学生走出课堂，利用周末的时间去深圳市改革开放展览馆参观，全方位、沉浸式地感受深圳改革开放40多年间的变化。

学习八年级下册"社会生活的变迁"一课的学习单设计可以让学生采访自己的祖辈、父辈，去感受中华人民共和国成立以来，尤其是改革开放以来国家日新月异的变化；也可以在条件允许的前提下筹备一场小型的分享会，让学生自己表达、自己分享，从而真切感受生活的变迁。

#### 4. 趣味性原则

学习历史，兴趣是最好的老师，如何激发学生的求知欲，兴趣是关键，如果学习单的设计极具趣味性、吸引力，何愁不能引爆学生的学习探究历史的欲望？历史虽然是讲述过去的人物、故事，但却是一个个鲜活的人物、故事。因此学习单的设计要重视历史情境的再现，要提供丰富的史料供学生思考。

例如，学习七年级上册"秦统一中国"一课的学习单设计就可以通过情境再现的方式进行：如果你是秦王嬴政，你会采取怎样的方式统一六国？说说你的策略。统一六国后，嬴政出游（提供情境），遇到货币不统一、度量衡不统一、北方匈奴来侵扰等问题，如果你是他，你会怎样做？

这些问题的设计不仅有趣，还可以激发学生强烈的求知欲望，让自己成为书本中的那个历史人物，尽情指点江山、挥毫泼墨，这种方式不仅可以使学生深刻理解知识，更重要的是这样的方式符合初中阶段孩子强烈的自我意识以及表达自己观点的心理特点。这样的学习任务何愁学生不去完成呢？

## 三、接引性学习单的运用

### 1. 接引性学习单可以安排在课前或课中

这需要教师结合实际情况进行安排，如果本课内容比较少，可以让学生把接引性学习和课堂学习放在一起。学习单里问题的思考与完成可以融合在课堂中；如果课堂内容比较多，可以把学习单提前下发，作为课前自主学习的内容，第二天在课堂上再进行问题的分享和讨论。

### 2. 接引性学习单问题的设计要指向明确

对于历史学科来讲，设计的问题一定要是本课的中心问题，这些问题要能串起整节课的学习，且需要体现历史的核心素养和历史思维方式。

### 3. 接引性学习单问题设计要精简

一般而言，学习单设计的问题或者活动控制在2～3个，如若需要书面完成，时间控制在15分钟以内。一方面体现减负的原则，另一方面也是学生最有效的学习时间。

### 4. 接引性学习单要及时检查、评价

为了保障接引性学习的效果，要做好检查工作，可以采用灵活的检查、评价方式，比如组内互批、小组长检查、老师检查评价等。

### 5. 接引性学习单要进行有效的激励

课堂上要提供学生呈现自己接引性学习单的机会，这样，学生才会有成就感，激励他们更积极主动地投入接引性学习中；另外，也可以对优秀接引性学习单进行展览，对优秀接引性学习单进行表彰等，来激励学生进行接引性学习。

接引性学习是课前独学重要的一环，接引性学习内容是多元的，形式是多样的，操作是简单的，对课堂而言是至关重要的。

# 接引性学习单范本

范例一：

## 第一单元　中华人民共和国的成立和巩固
## 第2课　"最可爱的人"接引性学习设计

设计者　袁晓云

【教材地位】

本课为第一单元"中华人民共和国的成立和巩固"的第二个课时，承接着中华人民共和国成立之后，中国在外交中遇到的挑战——抗美援朝，通过此次战役的胜利巩固了新生的人民政权。学生掌握中国人民志愿军远赴朝鲜抗美的史实，从中感悟"最可爱的人"的精神品质。

【已有知识】

中华人民共和国成立的相关史实、美帝国主义的野心。

【承接知识】

抗美援朝的史实，"最可爱的人"的精神品质。

【中心问题】

1.为什么中国出兵援朝？（请从多角度进行分析）

设计意图：中华人民共和国成立之初，正是百废待兴，为何要花费大量的人力、财力帮助朝鲜对抗美军，学生通过多角度分析讨论，探究这个伟大抉择背后的原因，培养其综合分析能力。

2.中国出兵援朝的目的是什么？达成了吗？

设计意图：结果归因，承接上面和下面的问题。

3.中朝是怎样做到击败美军的？（主观原因、客观原因，发散思

维进行分析）

设计意图：在老师的引导下，学生学会多角度分析原因，提升系统回答问题的能力。

【探究性问题】

中国人民志愿军被誉为"最可爱的人"，你知道哪些战斗英雄的故事呢？查阅书本或者上网搜索资料后，和同学们一起分享吧。

设计意图：论从史出，中国人民志愿军之所以被誉为"最可爱的人"，我们通过他们的故事定能体会到其爱国主义、国际主义和革命英雄主义精神。

范例二：

## "五四运动与中国共产党的诞生"接引性学习单

设计者　洪梓萍

【已有知识】

新文化运动、思想解放、列强侵华。

【承接知识】

五四运动的爆发、五四运动的过程、五四运动的意义、马克思主义传播、中共的诞生、工人运动的高涨。

1. 假如你是当年参加五四运动的学生，为了呼吁更多的人抗议北洋军阀的卖国政策和日本的侵略行径，请你设计一张进行爱国宣传的传单。（内容要求：写出事情的原因及中国同胞应如何做，不少于150字，可上网收集资料，加深了解，注意情感的表达）

2. 在参加爱国运动的人中，你认为哪种人的力量最大？假如你是中国共产党创始人之一，你会如何培养、发动他们？

3. 在预习过程中，写下你在自学中遇到的问题。（此项必做，提出好问题可以加分）

4. 思维导图绘制。

范例三：

## 七年级历史课前接引性学习任务单

设计者　罗秀萍

班级：　　　　　姓名：　　　　　完成时间：

### 一、学习指南

**1. 课题名称**

第17课西晋的短暂统一和北方各族的内迁

**2. 达成目标**

了解西晋的建立与统一以及八王之乱的基本史实；理解西晋发生内乱的原因；知道匈奴、鲜卑、羯、氐、羌等北方少数民族内迁的史实；理解西晋是我国历史上民族融合的重要时期，由此认识到统一是中国历史最突出的特点。

**3. 学习方法建议**

自学、思维图示归纳。

**4. 课堂学习形式预告**

小组合作、展示、检测。

## 二、课前任务

【回顾旧知，引入新知】请选择下列合适的词语填入流程图中。

刘备  袁绍  西晋  官渡之战  赤壁之战  军阀割据  孙刘联军

魏  蜀  吴  孙权  曹操  曹丕

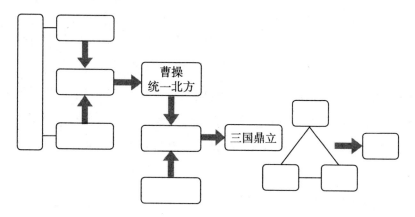

## 【新课学习】

学习任务一：请同学们认真阅读课本，结合事件与典故介绍西晋这个朝代，用流程图的形式进行展示。（可以参考的事件与典故：乐不思蜀、司马昭之心路人皆知、"王濬楼船下益州，金陵王气黯然收"、魏灭蜀、西晋建立、西晋灭吴、匈奴灭西晋）

学习任务二：针对西晋之死悬案，请你从以下犯罪嫌疑人所提供的信息，分析西晋灭亡的原因以及后世统治者需要吸取的经验教训。请你用复流程图进行归纳。

【嫌疑人一】西晋的大地主、大贵族（统治阶级）

西晋王朝制定了一系列优待大地主、大贵族的政策，保护他们的利益。（史实请参考书中石崇、王恺斗富及西晋人鲁褒的《钱神论》）

【嫌疑人二】晋武帝司马炎

晋武帝认为，曹魏削弱诸王实力，导致孤立而亡，于是大封同姓诸王。后派诸王据守州郡重镇，这些诸王既手握重兵，又掌管民事，实力日益强大，最终酿成八王之乱。

【嫌疑人三】晋惠帝司马衷

晋惠帝是历史上有名的白痴皇帝，除了贪图享乐外，一无所知。惠帝继位后，毫无能力处理军国大事，惠帝平时最喜欢趴在宫墙上听墙外池塘边的蛤蟆叫。有一次，他问左右侍从，这叫声是为公还是为私？当时，天下饥荒，官员向他报告老百姓没有饭吃。他想到自己不想吃饭时就喝肉粥，就一本正经地讲："没有饭吃，不可以多吃些肉粥吗？"弄得官员们啼笑皆非。

【嫌疑人四】内迁少数民族

"自从魏氏以来，夷虏依附内地，很少有凶暴侵掠的后患。而今受任官吏，有的诡诈，侵扰侮辱边夷；有的求赏谋利，妄加讨伐杀戮。"匈奴右贤王刘宣愤恨地说："晋为无道，奴隶御我。"

——《二十四史全译·晋书》

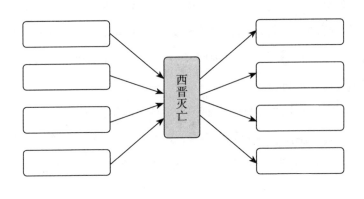

三、学习任务

1. 完成少数民族内迁图。（图略）

2. 阅读材料，说说少数民族与汉族在哪些方面进行着相互学习？这表明了什么？

材料一：擅长骑射的匈奴人，由游牧转入农耕生活，发展了冶铁和制陶等手工业。山西南部的羯族人，善于织布，喜欢穿青绛色的衣服。杂居的汉人也学习经营畜牧业。

材料二：洛阳汉族争相使用少数民族的胡床、椅子、方凳。汉族妇女制作流行于少数民族的食物蒸馍与烙饼。

材料三：氐族首领苻坚任用汉人王猛为相，整顿吏治，厉行法治，加强集权，大力兴办学校，提倡儒学……

## 四、思维可视化工具及其运用

### 1. 什么是思维可视化

可视化最初应用在计算机理论，其主要功能是将复杂抽象的事物转化为具体形象的事物，进而起到方便人们理解和交流的作用。后来，可视化理念逐渐应用于除计算机领域之外的其他学科，成为一种现代的教学手段。

什么是可视化教学？可视化教学是将不同的可视化工具或者方法以图像的形式呈现出来，变单一的文字表达为多样化的图像展示，变抽象的逻辑思维为具体形象的概括的一种教学方式。其实可视化教学就是把复杂抽象变为具体形象的过程。我们可以预见，如果在历史课堂里运用可视化教学，可以将复杂抽象的历史概念、冗杂的历史情境和繁多的历史史实等通过具体图示呈现出来，能帮助学生更深入地了解历史知识，由此实现历史教学的目标。

要实现历史课堂的可视化教学，可以使用思维可视化工具，这也是宝龙学校一直提倡的在教学上使用的可视化工具。

思维可视化工具，也是借助图像，通过对图像的合理利用来解决问题；同时它具有主题鲜明的特点，可以对某个主题进行总结归纳，也可以揭示知识之间的关联性、展现学科内在的规律，最重要的是它可以促进思维的激发和整理，进而促使有意义学习的发生。

**2. 思维可视化工具的运用**

（1）思维导图（见图2-2-1）

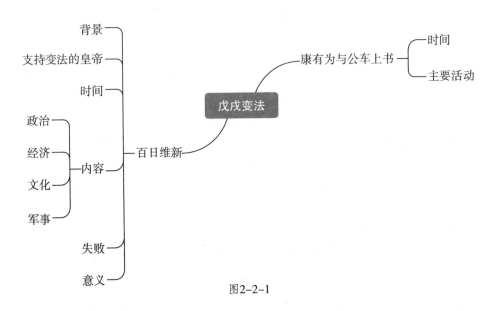

图2-2-1

思维导图是发散性思维的主要方式，其主要是对人的左右脑的开发和利用，通过思维的可视化帮助学生厘清思维的脉络，进而增强学生的记忆力。思维导图是将中心词置于中间，其延伸出的各级子分支分散在中心词的四周，每个分支还可以延伸出多种分支。

比如，某个历史事件（戊戌变法）是中心词，那么这个历史事件下的两个重要事件（公车上书、百日维新）属于主分支，主分支下还可以分为背景、人物、时间、内容、结果、意义等次分支，次分支下的内容还可以继续细分为政治、经济、文化、军事等更细致的分支。由此可见，思维导图能够帮助学生从最深处挖掘知识，逐渐向四周扩散，将与中心思想有关的所有内容串联起来，分门别类地加以理解和归置。这对于学生构建自己的知识体系，形成自己对这个事件的理解是一个非常好的工具。

思维导图的用途非常广泛，它可以用于新课的预习、课后的复习、单元知识结构的整理、整本书体系的甚至是整个历史知识体系的构建。

思维导图的形式也可以生动有趣，除传统的线型方式外，也可以用图画、漫画、符号等多种方式来呈现。用这些方式绘制的思维导图，具有简单易懂、生动有趣的特点，不仅能体现学生的思维方式、构建学生自己的知识体系，还能展示他们其他方面的才能。

（2）概念图

概念图又称概念地图或概念网络图，是一种表征知识结构的工具，对于概念与概念之间的联系能进行很好的处理。概念图在理科这种概念比较多的科目用得比较多，历史科虽然不像理科有那么多概念，但是也可以使用。

概念图一般由点、线以及连接词构成。构成概念图的方法是将概括性较强的、普遍性的一般概念置于最顶端，形成一个支撑点，之后通过线将其下边的从属概念连接起来，即按照概念的逻辑次序依次往下排列。概念图能清晰地将概念与概念之间的联系表达出来，有助于学生将知识的内在逻辑加以系统化和结构化，从而使知识得到宏观上的理解和升华。

通常我们要解决某个焦点问题的时候可以使用，比如从新文化运动到中国共产党成立的概念地图。通过绘制概念图，可以使学生掌握知识的内在逻辑联系，使学生的理解更加深入。换言之，当学生看到自己所绘制的概念图时，所有的知识都会自动形成逻辑、体系、框架浮现在脑海中，这对学生的历史学习来说是非常重要的。

（3）八大思维图示

北师大赵国庆教授总结的八大思维图示，是非常好用的思维可视化工具。八大思维图示包括圆圈图、气泡图、双气泡图、树形图、括号图、流程图、复流程图和桥形图。下面结合在我们历史学科里用得比较多的思维可视化工具进行介绍。

① 圆圈图

第一种是圆圈图。用"秦统一中国"这一课为例，让学生填写圆圈图，里面的圆圈书写的是中心词，外围书写或绘制与中心词相关的关键词圆圈图可以用于联想，由主题进行发散，训练思考广度，还可以回顾先前知识，对知识前后进行联系，同时可以训练学生的全局观。其实这种形式有点类似于头脑风暴法，可以让学生将脑海中关于关键词的所有都全面地呈现出来。

用这种方式，可以体现学生的不同层次。一般学生会通过仔细阅读课本，可以提炼出有关秦始皇的相关知识点，可以落实最基本的知识目标，而有些层次高、知识更为丰富的学生，可以联系他既往的学习，把圆圈图整理得更加完善，甚至对秦始皇有评价性的语言，可以体现他的历史思维深度和广度。

② 双气泡图

第二种是双气泡图。例如，九年级复习课中，经常有关于历史事件异同的比较（如戊戌变法与明治维新）、历史人物异同对比的题目，这考查的是学生对知识的理解、知识内在逻辑联系的把握、与已有知识建立联系、区分、扩展、收集整理信息等多方面的能力。如果用传统的方法把异同点归纳出来，会发现这是又长又让人望而生畏的一大段话，学生一看头就大，觉得是块超级硬骨头，还没啃就已经退缩了，根本不想去面对它。如果用简单的双气泡图来呈现的话，效果会好很多。事物1、事物2，相同点、不同点，分布在不同的位置，非常直观，学生只需写出关键字词就可以，那么记忆的负担也会大大减少。

③ 括号图

第三种是括号图。其表示整体与部分的关系，感知宏观与微观，培养空间意识，可以探索知识点、历史事件的内在联系，促进理解。这种图示是我们常用的思维图示，它的用途比较广泛，课堂的板书、知识点的整理都可以用到这种形式，其同样具有要点明确、条理清晰、简单明了的特点。

④ 流程图

第四种是流程图。这是一个非常适合历史学科的思维图示（见图2-2-2）。

【回顾旧知，引入新知】

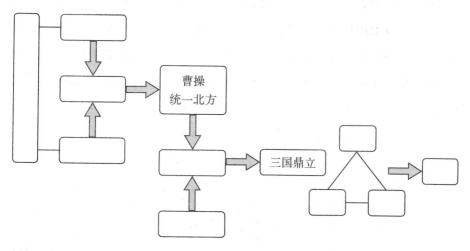

刘备　袁绍　西晋　官渡之战　赤壁之战　军阀割据　孙刘联军　魏　蜀　吴
孙权　曹操　曹丕

图2-2-2

上"西晋的短暂统一"这一课，复习旧知，引入新知，我便采用了这样的方式，配合希沃白板，让学生自己上去拖曳，既有趣又非常直观，学生很容易就把这一段比较复杂的历史进程梳理清楚。接下来的新课学习第一个内容——西晋统一的过程，我也是采用同样的方式进行。而像英国资产阶级革命这种复杂又曲折的过程，用流程图表示出来，确实可以让学生迅速且不出错地掌握。反之，如果是大段的文段描述，对学生的记忆来讲是很大的负担，而且复杂曲折的过程也很容易让学生产生认知上的混乱。

⑤ 复流程图

第五种是复流程图。当探讨历史事件的前因后果时，我们可以用到复流程图。通过这种图示，简单明了，并一一对应，非常清晰直观。我在上"西晋的短暂统一"这一课时，对西晋的灭亡（见图2-2-3），让学生用复流程图的形式去整理，让学生把西晋灭亡的原因和结果（影响）一一对应地写出来。在八年级上册讲中国近代史的时候，如鸦片战争、甲午中日战争等，都可以让学生一一去做这些图示，加深他们对历史事件的前因后果的理解。同时这种简单明了的方式，也可以大大减轻他们的记忆负担，至少第一眼看过去不会产生"哇，这么多，怎么记得住"的感觉。

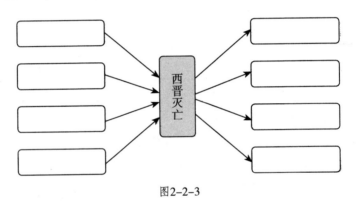

图2-2-3

历史学科中思维可视化工具的应用，可以帮助学生掌握史实概念、理解史事、感悟史论。同时学生还能结构化地思考、逻辑性地思考、辩证性地思考，也能将追问意识等融合进来。历史课堂思维可视化工具的应用，还能帮助学生正确重构历史理解，这是一个非常好的工具。

## 五、微课的设计与运用

### 1. 微课与历史课堂

随着"互联网+"时代的到来，人们在学习的方式方法上发生了颠覆性的转变，一些易于吸收、便于选择、短小精悍的信息获得途径逐渐流行，如微博、微信等，而在教育教学领域也出现了微课这种新型的学习方式。微课又称微课程，其主要是运用相关的建构主义理论为指导，借助现代化媒体工具进行在线学习和移动课堂教学的一种体系与方法。根据国内外众多学者的研究成果以及实践可以得知，在中学课堂运用微课具有许多优势，而针对历史这一特殊的学科而言，微课的有效运用显得更加重要。

历史是一门研究过去发生的事情的学科，所教授的内容具有时间上的过去性和空间上的不可接近性的特点，书中的历史事件和历史现象都非常久远，凭借中学生的生活经验和社会阅历，很多东西他们理解起来是非常困难的，恰当利用微课可以帮助学生轻松地掌握理解和掌握知识。

**2. 微课的作用**

（1）为课堂搭建"支架"

建构主义认为知识的获得是指学生主动构建的过程而不是被动接受的过程，学习过程其实是学生在原有知识的基础上理解、搭建新的知识，而新知识的增加又导致对旧知识产生新的领悟。因而在微课设计中要发挥其支架的作用，让学生借助微课这个支架进一步理解所要学习的知识，并能够对将要学习的知识或问题展开独立的探究与思考。

例如，在七年级上册第6课"动荡的春秋时期"、第7课"战国时期的社会变化"中，课文中有生产力这个词，也有生产力的发展提高了新兴地主阶级势力的增强的论述，但学生对"生产力""地主阶级"这些词是不了解的，更别说理解生产力的发展会带来地主阶级势力的增强这一论断。因此需要进行额外的补充。

微课在此时便能起到重要作用，无论是课前把微课发给学生还是课中播放微课，在微课结束后，学生都会有知识准备状态，配合教师给出的恰当问题或者情境，组织学生进行讨论学习，以便培养学生独立探索和合作学习的能力。

（2）突破课堂重难点

初中历史的学习，需要学生掌握历史事实，从史实中去感知历史、理解历史，从而挖掘历史的本质与规律，并在此基础上形成正确的历史价值观。

传统的课堂，以教师讲述为主，其中大部分是单方面的知识输出，学生单靠听讲，很多历史事件、历史人物的关系、时序问题，以及课文中的重点、难点问题，掌握起来都是非常被动的。如何改变这种被动的局面呢？这时候微课就能发挥巨大的作用。

以八年级上册几次列强侵华战争的过程为例，学生单看课本的描述，很难正确梳理战争的过程。如果教师制作一个微课，通过讲述以及战争形势图展示，课外相关资料的补充，并在录制过程中于战争形势图中进行细致的标记以及阐述，那么战争的过程就能栩栩如生地展现在学生面前，这样就简单而有效地突破了教学重难点。

另外，让学生机械地去记忆、背诵历史知识点是一件非常困难的事情，但是对于电视剧、电影的情节，他们却能记忆深刻。那么，我们的微课也可以挖掘这些热播电视剧的人物、事件，制作成合适的微课，用以突破重难点。热播的展示新文化运动、五四运动到中国共产党成立这段波澜壮阔历程的电视剧《觉醒年代》里面就有很多值得挖掘的东西。鲜活历史人物形象、清晰的历史时序、重要历史事件的超真实度还原等，都可以作为素材进行精练、剪辑，串联成突破教学重难点的微课供学生自主学习。

（3）加大课堂容量，拓宽学生视野

作为教材，历史课本非常精练，对很多历史事件的背景、原因、过程、结果等往往只阐述最关键的内容，用最精简的话语进行描述。其实在这些精练的表达后面有很多的历史故事、历史人物，还有很多复杂的人物关系等，有限的课堂时间不足以支撑学生去了解这些，那么教师可以通过微课的形式，将课外知识和课内知识进行有机融合，使学生对那一段历史的认识更加立体、更加丰满，进而拓展学生的视野。微课里大量新鲜内容的提供也会激发他们自主探究、自主学习历史的兴趣，加深学生对历史的认识。

例如，洋务运动中，洋务派创办的企业，教材中只有企业的名称和图片，这时便可以制作或者在网络上搜索一些关于这些企业更加详尽介绍的微课给学生，那么学生对这些企业的了解就会更加深入和充分，同时可以帮助学生理解洋务企业具有官僚作风、贪污腐败、效率低下等特点。

再如，学生对外国历史非常陌生，讲述世界史的时候，教师可以推送一些以课堂的著名人物、事件为内容的微课给学生，这样，学生对这一课的了解便会更加详尽、饱满，也会激发学生主动学习历史的兴趣。

### 3. 微课与接引性学习

"完整课堂"的最终目标是实现学生"真正的学习"，意味着学生的学习是主动的、自主的。而微课短小精练，针对基本知识点或问题进行有针对性的突破的特点，可以让学生进行思考、探究，从而自主地解决问题。

对于学生而言，接引性学习单里加入微课，可以方便他们提前了解相关知识、补充和拓展与课本相关的知识点，也可以让他们对某些课堂需要解决的重难点问题进行提前了解和思索。

微课短小精练，充分考虑学生有效注意力集中的时间，一般控制在5～8分钟，不仅不会增加学生的学习负担，还可以通过不同的学习方式的转换提高他们完成接引性学习单的兴趣。

接引性学习、思维图示及微课的应用是我们工作室和学科组在课前独学部分进行与探索和尝试，在具体的实践中还存在着一些问题，我们将继续优化，不断尝试，探索出一个独具特色的、让学生实现"真正的学习"的课前独学模式。

（深圳市龙岗区宝龙学校　罗秀萍）

# 第三节 "三化"教学的设计与实施

历史课堂不能只有知识的充盈而无思想的滋润。当前许多历史教师在历史课堂教学中仍然抱守残念，贪大求全，生怕在课堂中无法讲完所有的历史知识。但他们什么知识都想到了，唯独忘记教学是培养人的活动，而思维是智能的核心，是人何以为人的凭据。这样说并不意味着历史知识不重要，但以传递知识为目的的教学和以发展学生思维能力为目的的教学存在本质的不同。我们要培养的是会思考的人，而不是记忆知识的工具。在历史教学中，让学生学会批判性思考历史问题，创造性解决历史问题，远比记住知识要重要得多。更何况，学生记住的知识，在考试后或离开学校后，究竟还能留下多少呢？但学生一旦形成了科学的思维模式，则终生都不会忘记，并且还可以迁移到生活和工作中，解决生活和工作中的问题，成为他们生存与发展的支柱。

## 一、教学情境的创设

情境教育的创始人李吉林老师曾指出："教学往往割裂了环境与儿童活动的有机联系，教育环境对儿童来说变得疏远、陌生，甚至格格不入。因此，教育教学活动很难成为儿童的主观需求，被动地接受是必然的结果。既然是被动，就势必阻碍儿童潜在能力的充分发展。"历史是遥远的过去，与学生当前的生活联系较弱，较难引起学生的共情，产生同情之理解和探究历史之欲望。换言之，学生的感情因素在历史教学中起着非常重要的作用。教师只有激发学生的感情，让学生深入历史，与历史人物、事件建立联系，才能激起他们的探究欲望和深入理解历史事件。唤起学生的情感难吗？应该说，随着时代的发展确实难度在不断地提高。在过去，生活条件较为匮乏的时代，学生所接触的资讯较少，一个语言风趣幽默、知识丰富的历史教师很容易受到学生的欢迎。犹记得在高中的时候，历史是最受我们班同学欢迎的课堂。当时，年轻的许世友老师在上课的时候经常通过讲故事的方式来吸引我们的注意。但现在的学生知识面普遍比较广，很多故事早已看过或听过。电视剧、电影中或网络上，很多的历史影视资源唾手可得，对他们来说讲故事的吸引力已经大大减少了。涂源安校长一再指出，论口才，我们教师的口才要比德云社的相声演员和笑果的脱口秀演员差多了，教师不要再想着通过讲课来获得学生的喜爱。如今我们想要靠语言来吸引学生的注意力，让他们喜欢上历史，难度比过去高了不少。因此，教学情境的创设尤为重要。它是一节历史课成功的开始，也是吸引学生注意力的关键所在。

教学情境是指教师在教学过程中创设的情感氛围。良好的教学情境能充分调动学生学习的主动性和积极性，启发学生思维、开发学生智力，是提高中学学科教学实效的重要途径。教学情境主要包括六大类：借助实物和图像创设的教学情境、借助动作（活动）创设的教学情境、借助语言创设的教学情境、借助新旧知识与观念的关系和矛盾创设的教学情境、借助"背景"创设的教学情境和借助问题创设的教学情境等。在历史教学中，如何创设这六种教学情境并将它们运用于教学之中呢？以下几种方法可供借鉴参考。

**1. 通过朗读历史背景故事来创设情境**

在开展历史教学的时候，有许多教师使用单刀直入的方式，一上课就直接进入教学主题。这种方式是不可取的。历史主题的背景知识是学生理解历史主题的基础，因此有必要通过一定的方式呈现出来，而有感情地朗读历史背景故事就是很好的创设教学情境的方式。朗读的方式可以是教师朗读，也可以是师生共同朗读，或者教师可提前录制好。

在一个国外的家庭与社区口述史探究案例中，其探究学习同样是从一则故事开始的。故事的讲述者是小学高年级历史老师凯伊81岁的父亲。这则故事引发了学生对大萧条和该国20世纪早期历史的兴趣，故事的内容是这样的：

当时我们正处在1933年的大萧条时期。赫伯特·胡佛已不再是总统了，而富兰克林·罗斯福正在白宫的办公室中办公。1929年10月29日的股票市场崩溃已经过去很久了，银行正准备关闭。我们家住在镇外的一个农场里。那年我9岁。冬天的时候我们无法经常去镇里，所以我们只能储存一些保质期较长的基本食物，如面粉、谷物和豆类等。我们没有冰箱，所以我们必须慎重地购买必需品。妈妈不懂驾车，所以我爸爸载着她进城去购买补给品。他们开的是价值549美元的新型福特A型小汽车。妈妈吵着要将他们银行的最后一点存款取出来买一袋重100磅的海军豆。这些豆要花4美元，而且在当时是无须交购物税的。她认为这些够应付接下来的冬天了。她在A&P公司的商店买了豆，于是银行里只剩下27美分了。在银行关闭后，妈妈和爸爸再也取不回这27美分了。

通过讲述上面的故事，凯伊引导学生开展了对大萧条及美国20世纪早期生活的探究。教师鼓励学生尽可能多地提出与以上故事相关的问题。学生开始头脑风暴，提出了各种问题："大萧条是什么？什么是股票市场崩溃？银行为什么要关闭？这个家庭住在哪里？为什么东西卖得这么便宜？在这段时期内家庭都有什么娱乐呢？这些孩子去上学没有，如果有，那会是怎么样呢？他们用的是什么样的交通工具呢？"教师接着和学生讨论从什么地方可以找到回答这些问题的答案的史料。学生马上想到，要访问故事的讲述者。教师引导学生，家庭和社区成员对于口述历史探究的成功来说是绝好的和必不可少的资源。

由此可见，朗读与历史主题相关的背景故事是美国中学历史教学中常见的创设情境的方法。当然，朗读的时候，教师应尽量做到声情并茂，以情动人。读到开心的时候应表现得很开心，读到难过的地方又要压低音量……

在朗读故事中让学生可以充分发挥想象力，才能进入历史情境当中，仿佛身临其境一般。在这个美国教学案例中，朗读故事都是放在上课之初。但我认为，故事也不一定非得放在开头。事实上，我们也可以尝试着把历史故事拆分为几个部分，结合教学过程中设计的探究活动，置于其中，使之成为一个连贯的情境。这样做的话，可能比美国同行更加高明。

我曾经在教学"南京大屠杀"一课时，将抗战老兵的妻子张淑英女士的寻夫故事拆分后加入教学设计中，取得了非常好的效果。在导入部分，我先以张淑英女士与丈夫钟崇鑫先生相识和结婚的故事，介绍了当时的历史背景——日军侵华，结婚后丈夫由于七七事变身赴前线，不得不与新婚妻子分开，提问学生了解导致他们夫妻离别的七七事变吗？以此导入七七事变和本课内容。在之后的主要教学环节中，不断结合历史内容穿插张淑英女士的寻夫过程。最后，我介绍老人家在台湾用手轻轻地抚摸着刻有钟崇鑫名字的灵位时所说的话："这是我这辈子第三次哭，上辈子欠他的，都是为他哭的。我说，崇鑫啊，我来看你了，我终于找到你了，从此我们再也不分别。"当学生听到这段话的时候，他们不禁潸然泪下，感叹战争的残酷和老人家对爱情的忠贞不渝之精神。

**2. 以历史人物为主线创设情境**

历史人物是创设情境的重要素材。历史人物是历史事件的主角，但中学教科书限于篇幅，往往没有对历史人物进行细节性的描述，使得历史人物严重脸谱化和扁平化，缺乏个性和趣味性。但历史人物也曾是活生生的人，挖掘历史人物的故事，可以有效地创设情境，弥补教材由于篇幅限制而导致的历史叙事缺憾。在进行教学设计的时候，历史教师应该分析课文内容，找到可以贯穿整节课的核心人物，查阅该历史人物的相关故事，选择反映历史人物鲜明特征的小故事，讲述历史细节，结合主题进行教学环节的设计。下面通过两个教学案例来说明如何以历史人物为主线创设情境。

在教学七年级上册"三国鼎立"的时候，我分析了一下课文的内容，主要包括官渡之战、赤壁之战和三国鼎立三个部分。而这三个历史事件都与曹操息息相关，于是我决定以曹操的故事为线索来进行本课的教学设计，我将本课的主题设计为"曹操的奋斗"。首先，我通过一个脑筋急转弯"谁是世界上跑得最快的人"的答案"说曹操，曹操到"来导入本课的主人公曹操。第一部分，我介绍了曹操的生平，并将其与本课另外几个历史人物如袁绍、刘备等做了比较。让学生知道曹操是太监养子的后代，出身并不好，这是不利于他奋斗的一个方面。第二部分，我讲述了"调皮捣蛋的少年曹操"，用的是曹操捉弄叔叔和联合袁绍抢亲的故事，学生在捧腹大笑之余，也开始亲近曹操这个历史人物了。第三部分，我讲述了"心怀家国的曹操"，让学生齐声朗读曹操的诗歌《蒿里行》，通过诗歌让学生了解并描述东汉末年军阀混战导致民不聊生的社会现状，这也让他们感受到曹操心怀家国的一面。第四部分，"能臣还是奸臣"，通过月旦评的介绍让学生了解曹操"治世之能臣，乱世之奸雄"的来历，并介绍了曹操担任洛阳北部尉时为了维持治安制作五色彩棒打死权贵的故事。第五部分，进入本课的"兄弟反目之官渡之战"，前面铺垫的少年曹操与袁绍抢亲也在此产生了故事冲突，使学生对两个历史人物更加印象深刻，教师简单介绍曹操强大起来的原因后，由学生自己归纳官渡之战，并结合史料分析官渡之战曹操胜利的原因和影响。第六部分为过渡部分——"曹操的壮心"，通过朗读曹操诗歌《步出夏门行》感受曹操一统天下的雄心壮志，也为进入第七部分"赤壁之战——雄心的破灭"做了铺垫。第七部分也是由学生概括赤壁之战的概况，并用史料探究的方式让学生分析曹操在赤壁之战中失败的原因。第八部分，"三国鼎立——子承父业还是偏安一隅"，本部分介绍了三国鼎立的概况和三个国家的发展情况，给学生留白，为下一课的历史发展做了铺垫。本课设计八个部分，可能需要用一节半课时来完成，但教学效果还是非常令人满意的。学生不仅了解了三国形成的历史，也对曹操这个一直以"奸雄"形象出现的历史人物做了深入理解，并理解了人性的复杂和历史的趣味之处。这样有趣的历史情境下，学生怎么可能不热爱学习历史，不热爱思考历史问题呢？

在近代史的教学上，也有一些典型的历史人物故事可用于创设教学情境。例如，在教学八年级上册"从九一八事变到西安事变"一课的时候，我就选择了以张学良的故事作为本课的线索。在导入部分，我是这样设计的："事变：突然发生的重大政治、军事性事件。有一个人，一生中遇到了三次重大事变，而且竟然还都是主角。他会是谁呢？"从解释事变的定义出发，来导出本课的主角张学良。接下来，我对三个历史事变进行了简要的概括："皇姑屯事变，父亲张作霖被日本人炸死；九一八事变不抵抗的罪名令他几成民族公敌；西安事变促成了抗日民族统一战线，他自己却被幽禁半个世纪。2001年10月14日他病逝于檀香山，享年101岁。"张学良说过："从二十一岁到三十六岁，这就是我的生命。"介绍完之后，我模拟了一个记者采访张学良的情境——1990年，被囚禁半生的张学良终于获释了……他接受了一家电视台的访问，如果你是电视台的记者，你想要对他提什么问题呢？分别针对三次历史事变提出一些问题，并出示史料帮助学生模拟张学良来解答这些问题。例如采访针对皇姑屯事变，记者提问："你的父亲张作霖在皇姑屯被炸死之后，你为什么选择东北易帜，服从蒋介石的南京国民政府的领导？"学生阅读材料，分析是什么原因使得张学良没有归顺日本而是选择归顺南京国民政府？让学生同桌之间扮演记者和张学良来进行采访与回答。

材料一：张学良真正的生日是光绪二十七年阴历四月十七日，而1928年阴历四月十七日恰好是公历6月4日，这一天则恰好是他的父亲张作霖被日本人炸死的日子。"我父亲死的那一天正好是我生日。"张学良说道，"从此，真的生日我不要了，我不能过生日，因为这会使我想起父亲。"

材料二：张作霖死后，日本曾派出特使林权助来游说张学良，听完林权助的一番话，张学良说："林老先生，你替我想的事情很周到，比我自己想得都周到，但有一件事你没替我想到。"林权助惊讶地问："我哪件事情没替你想到？"张学良说："我是个中国人哪！"不久后张学良挂起青天白日旗，史称"东北易帜"，以此表明他抗日的决心。

由材料可知，张学良做出"东北易帜"的原因主要：一是与日本有杀父之仇；二是他有一颗拳拳爱国之心。

本课的下一个采访活动是九一八事变。我先让学生用表格的方式归纳九一八事变的概况，然后继续模拟记者与张学良的采访："九一八事变中，你为什么选择了实行'不抵抗'政策？"先由学生畅所欲言，我再播放张学良获释后日本电视台采访他的片段，由张学良本人亲自讲述为何在九一八事变中不抵抗。由采访可知，当时张学良对形势产生了误判，以为日本不敢真的侵占东三省，导致了不抵抗命令的出台。所以，这个不抵抗的罪名确实是他自己应得的，而不是蒋介石下命令所导致的。

在我简要介绍了东三省的局部抗日运动和一二·九运动后，就让学生进行了最后的采访活动——西安事变。关于西安事变的概况，我的做法是在播放一个视频后让学生阅读课本并根据表格归纳西安事变的主要内容，再由学生模拟进行下一个采访："西安事变后被软禁几十年，你后悔吗？"这是一个开放性的问题，全班学生都可以畅所欲言。有的同学认为他会后悔，毕竟自由是很可贵的。但绝大部分学生认为他应该不会后悔，毕竟他是为了国家和民族而做出了个人的牺牲，这种牺牲是值得的。更何况，比起杨虎城将军，张学良的结局还算是不错的。我告诉学生，尽管张学良在九一八事变中因为不抵抗丢了东三省，但是他却为了抗日而把牢底坐穿。评价一个历史人物，应该从整体上去看，不能只看他有缺陷的那一面。所以，从总体上来说，无论是东北易帜还是西安事变，都充分说明张学良是一个充满爱国主义精神的历史人物，对国家和民族做出了不可磨灭的历史贡献。

### 3. 虚构历史人物创设情境

在历史教学中，有时候我们没办法或者一时找不到合适的历史人物来创设情境，那么虚拟历史人物也是一个不错的选择。虚拟历史人物曾经引发了许多争议，有学者认为虚拟历史人物是不尊重历史科学性的表现，会误导学生认为历史是可以虚构或戏说的。也有学者认为虚拟历史人物是历史想象力的表现，只要可以激发学生学习历史的兴趣，并无不妥。何成刚博士认为在编制虚拟历史人物的时候必须依据史实，不能胡编乱造，可将其视为史料的外延。我无意卷入这种学术争议之中，但就我的经历而言，确实有时候虚拟历史人物或者情境可以大大增加学生的学习兴趣，增加学生对历史的理解。原东莞市历史教研员夏辉辉老师在上"雅典的民主政治"时，为了让学生更生动、形象地理解雅典民主政治的主要内容，设计了一个虚构的历史人物——雅典农民帕帕迪；深圳市宝安中学唐云波老师在上"鸦片战争后的中国社会经济"时，虚构了一个历史人物——二毛；东莞市东坑中学张宏杰老师在上"艰难曲折的探索历程"时，为加深学生对于共和国历史上特殊年代事件的深刻感悟，虚构了一个普通人物——阿牛。[①]这几个虚拟的历史人物，都曾经风靡全国，受到历史教师的关注和广泛借鉴使用，成为经典的案例。许多教师使用之后，都反映学生非常喜欢这样的虚拟人物和情境，使得一些遥远和抽象的历史事件、概念等更容易被学生理解了。

在虚构历史人物这方面，我更倾向于自己创造而非"拿来主义"。一方面，自己创造出的历史人物可以更加贴合学生的生活实际。例如，我在教学八年级下册"土地改革"一课时，就虚构了一个地主"郑老爷"，让学生探究"他"在土地改革中可能会有怎样的遭遇，为什么会有这些遭遇。学生必须根据教材中对土地改革运动的介绍，来分析"郑老爷"可能的命运走向。这个"郑老爷"的设定颇有调侃自己的意思，学生也心领神会，下课后还经常开玩笑地称呼我为"郑老爷"。又如土地改革中发生的"斗地主"事件，我把地点设置在"×××广场"，该广场恰好位于学校附近，学生也感到十分新鲜且亲切。事实上，无论是人物还是地点，都是我虚构的，但是从历史文献中却完全可以找到近似的原型，由此，这样的虚构实际上符合了历史事实，是一种历史创造性思维的表现。学生对虚拟历史人物和历史地点产生了亲近感之后，就更容易进入历史情境中，开展历史探究活动，获得更加真实的历史情感体验。

---

① 何成刚，陈伟璧，沈为慧. "于非事实中觅出事实"——虚拟故事中"虚"与"实"的思考札记 [J]. 历史教学（中学版），2009（5）：43-47.

### 4. 通过引发认知冲突创设教学情境

认知冲突是指认知发展过程中原有认知结构与现实情境不符时在心理上所产生的矛盾或冲突。认知冲突是思维发生的根本原因，因而许多思维教学研究者都非常重视认知冲突在激发思维中的作用。如胡卫平的思维型课堂教学模式中，就将认知冲突列为教学模式中的首要环节。又如POE（预测、观察、解释）教学理论中，预测的目的就是引发学生的认知冲突，并且Crouch等通过实证研究证明，在解释实验（此方法一般用于理科教学）之前让学生先预测，与传统的仅由教师展示、学生观察后再进行解释的教学（DOE）相比，POE教学可以大大提高学习效果。POE教学法重视学生的前概念，尊重学生的主体地位，在教学过程中通过不断否定学生的前概念，从而实现其知识的自主建构。[①]因此，在历史教学中教师应该创设出使学生产生认知冲突的条件，通过引发认知冲突来创设有利于学生发生概念的转变和自我建构的教学情境。

问题是引发学生认知冲突的必要条件，只有在教师或学生提出问题的时候，才能诱导出学生的前概念。当教师揭示问题的答案的时候，与学生的前概念差异越大，学生的认知冲突感也就越发强烈，此时正是学生进行概念重组的最佳时刻。在历史教学过程中，我们并没有像理科一样有很多的实验可供学生预测而非常容易诱发认知冲突，因而，历史教师必须花费一番心思才能挖掘和创造出有效的认知冲突点。

下面以八年级上册"内战爆发"为例，谈谈如何设置能够引发学生认知冲突的问题情境。在对"内战爆发"这一课进行教学设计的时候，刚开始我还是想找一个历史人物来串起这段历史，但发现难度较大。碰巧我在找资料的时候发现了一个很有代表性的历史人物杨良平先生——一个参加过抗日战争和第二次国共内战的老兵。经过一番思考，我决定用他

---

① 顾江鸿，史小梅，李春密. 预测—观察—解释——一种基于现代教育研究的演示策略 [J]. 教育科学研究，2009（5）：54-57.

来创造认知冲突，导入本课的教学。在上课的时候，我首先在PPT上出示了这个挂着抗战英雄勋章的老兵的相片，向学生介绍他的情况：杨良平（1919年8月—2019年4月11日），中国抗战老兵。曾任敢死队队长，参加了淞沪会战、南京保卫战、保山战役、滇缅战役、怒江战斗、松山战斗、密支那战役、台儿庄战役。但在另一场战争中，这位抗日英雄却成了一名"逃兵"，这是为什么呢？

通过提问引发学生对这个身份的好奇，学生也会尝试猜测他的另一个身份。学生在经过各种猜测之后，这时我突然告诉他们，杨良平先生在1945年的时候成了一名"逃兵"。从抗日英雄、敢死队队长到逃兵的巨大转变引发了学生强烈的认知冲突，激发了学生学习本课的强烈兴趣。

**5. 联系实际创设生活情境**

历史发生于遥远的过去，往往与学生的现实生活存在比较大的鸿沟，所以学生在理解历史的时候存在着一定的难度，又或者很难激起学生的学习兴趣。国外有历史老师就曾抱怨说：有学生说我要知道那么多死人（deadmen）的事情干什么？当然，可能该历史老师没有向学生展示历史的现实价值，但学生也确实存在这样的困惑，过去的事情很无聊，还不如看看电视、玩玩游戏来得过瘾。在历史教学中，如果我们能够给学生创设生活情境，尤其是有趣的生活情境，将学生拉进这样的情境中来，让学生自然而然地利用熟悉的情境进入历史探究中，在不知不觉中理解历史事件、解决历史问题。

下面以"百家争鸣"一课为例，来说明如何创设生活情境帮助学生理解历史。文化史内容向来是历史教学的一大难点，黄牧航教授曾经点评说许多历史教师将文化史的课堂上成了语文课，既缺乏历史的韵味，又不能上出历史的味道。如"百家争鸣"一课是七年级上册的内容，在这一课中涉及了道家、儒家、法家、墨家、兵家等学派的主要思想和代表人物。如果教师按照传统的教学方案，将各家各派的人物和观点罗列出来并一一向学生解释，那么，这样的课堂不仅无法吸引学生，也很难结合历史背景来讲清楚各家各派的观点。我在设计这一课的时候，创设了一个"春秋战国人才大市场"的生活情境。假设诸子百家是这个人才大市场的求职者，为了获得各个Boss（各国君主）的青睐，需要使出浑身解数来制作精美简历，并根据简历向Boss陈述自己的治国理念。为了让学生可以更好地制作简历，如果必要的话，教师可先给出一个示范（见图2-3-1）。

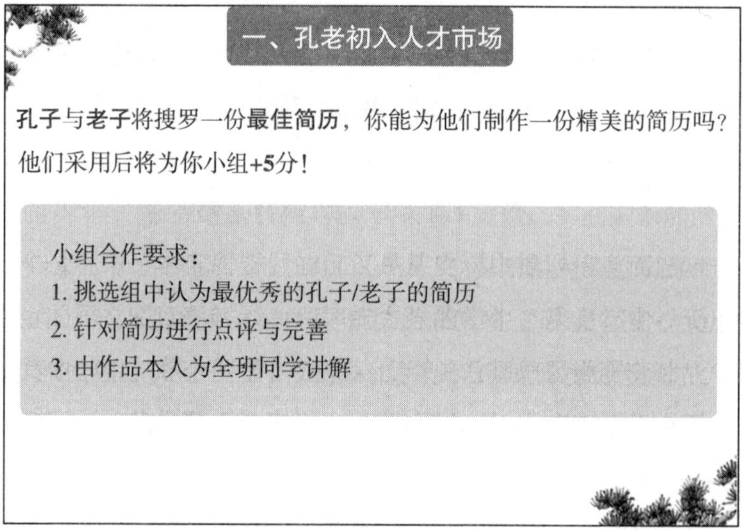

图2-3-1

学生在观看示范后，分成小组，可根据兴趣或教师布置的学派人物，合作制作一份该人物的求职简历。制作完成后，教师就可以请各小组进行展示，其他小组可以对简历的形式、内容等方面进行点评。这样的学习方式其实在某种程度上是一种项目式学习，以终为始，在小组合作中培养学生的创造性思维和小组协作能力。同时可在学生小组创作作品（简历）的时候，他们必须深入理解所选择的学派人物的生平、思想和历史影响等。在展示的时候，全班学生又可以一起学习不同学派人物的相关历史信息，同时在质疑、讨论中进一步提升对他们的认识。而在这样的过程中，教师仅仅是一个学习方案的制订者，学习的促进者，重难点知识的点拨者。

## 二、任务驱动教学

为了改变传统历史教学中学生被动接受知识的状况，激发学生主动思考，提高学生解决问题的能力，在历史教学中我们可以采用任务驱动的方式进行教学。具体而言，在每一节历史课堂中，我们可以根据教学内容设置几个任务让学生完成。任务的设置，和我们前面所提的情境创设并无冲突，可以将它们有机地融于历史情境之中。任务的设置必须遵循以下几个原则。

### 1. 要突出任务的学科特色

傅斯年说过："历史学就是史料学。"在历史核心素养中，史料实证和历史解释都是与史料学息息相关的，尤其是史料实证素养。在课改前的很长一段时间，历史教师基本以教科书的内容为纲，教学的内容基本出自教科书。有一个教语文的同事曾向我抱怨说她过去历史没有学好的原因很大程度上就是历史老师所造成，因为她初中的历史老师上课几乎是照着课本念，全班同学大多听得恹恹欲睡，所以绝大部分历史成绩非常差。当然，这是比较极端的情况。在新课改之后，这样的情况也比较少见了。越来越多的历史教师非常重视史料教学，在课堂中呈现越来越多的形式多样的一手或二手史料进行教学。但目前的史料教学也存在一些问题，如许多教师引用史料不严谨，有错用、误用的情形；又如许多教师仅仅是把史料作为印证教科书观点的工具，起不到启发学生思维的作用；还有教师就是碎片化使用，史料类型单一尤其是以文字为主等问题。因此，在设置任务的时候，可以考虑在所教学的课文中选取最核心的几个历史问题，用史料探究的方式，让学生通过阅读史料、归纳史料来解决历史问题。我们的历史教学就超越了历史知识，而是以培养学生的历史思维为目的的教学。

### 2. 要以成果为导向来设置任务

在以往的传授式历史教学中，教师教了之后，学生学了没有、学了多少似乎不是教师关注的重点，许多历史教师往往关注"我讲完了我的教学设计的内容没"。即使有的教师意识到需要看看学生学到了多少知识，但可用的方法也不多，不外乎做题罢了。但实际上，很多教师上一节课连课都担心无法讲完，更没有时间考虑如何去评价学生的学习效果了。我们必须讲完吗？恐怕我们永远也无法讲完，一个历史事件或者历史主题所涉及的内容往往非常繁多，因此我们必须学会取舍。有的历史教师会反问，那我们舍弃掉的怎么办？学生就不学了吗？的确，我们舍弃掉的内容等于我们不教的内容，但不等于学生就不学了。如果我们可以通过设置任务的方式来调动学生的主动性，完全可以通过少教而实现多学。有一句名言就是这么说的："少即是多！"这句话用在历史教师的教上，也许是最恰当的。如果我们的任务设置得好，它可以驱动学生去学习和提取所需的历史知识来解决问题，那远比我们教给他们的效果要好。在设置任务的时候，教师必须确保学生有成果产出，这些成果可以让我们看见学生的成长或不足。如果教师再发挥一些创意，那么学生在创造学习成果的过程中，也是他们提高创造性思维的过程。众所周知，长期以来，中国学生努力学习是毋庸置疑的，但创造性思维表现则是饱受诟病。我们的历史课堂是不是也可以为培养学生的创造性思维出一份力呢？我认为，如果教学以成果为导向，那么历史课堂完全可以成为创造力迸发的课堂。

在历史课堂中，学生可以创造出什么学习成果呢？第一类是思维图示，比如常见的思维导图，它不仅可用于概括和梳理知识，还可用于解决问题，如作为历史小论文的大纲。还有八大思维图示，如圆圈图、气泡图、双气泡图、流程图、括号图等。双气泡图作为比较工具，非常适合用于比较两个历史事件或历史人物，是我在课堂上常用的思维可视化工具。流程图也非常符合历史学科特点，在学完一课之后，最后的阶段让学生根据历史事件的发展画一个流程图，可以考查学生对历史事件的过程掌握情况。其他图示在本书后面的论文成果中有专门的介绍，在此就不再赘述。第二类是表现性评价，可以让学生根据自己的特长选择表达历史或解决问题的方式，如历史漫画、历史短剧、历史小论文、历史演讲等多种表现形式。丰富多彩的表现方式既活跃了历史课堂，也提高了学生的创造能力。当然，在最初的时候也需要教师进行耐心引导，并提供相应的物质、精神支持。许多成果的创造，需要通过小组合作的方式来减轻难度，因此对小组合作能力的培养也是必不可少的。这种学习方式有点类似于PBL项目式学习，教师需要做好过程的监控，才能产出好的作品。第三类是做题。我并不排斥做题，毕竟学生在平时还是需要做好一些应试的准备。但做题应该具有针对性，教师必须精心选择题目，能够反映教学的重点和难点的掌握情况，切忌采用题海战术。做题的方式也是多种多样，可以是填空，也可以是选择题、材料分析题和材料论述题。总而言之，学习成果可以是多种多样的，经常性变化才能使学生不至于厌倦。

**3. 任务的难度应该适中**

在设置任务的时候，教师必须考虑学生是否能够完成。任务太简单，缺乏挑战性，无法提高学生的思维；任务太难，学生无法完成，则会挫伤学生的学习积极性。任务应该是学生可以完成的，但是需要跳一跳才能够着的难度，也即是符合"最近发展区"理论的任务。

## 三、游戏化巩固活动

"三化"课堂的最后一个环节往往是巩固活动，而游戏是最好的选择。爱因斯坦说过："教育应该使提供的东西，让学生作为一种宝贵的礼物来享受，而不是作为一种艰苦的任务要他负担。"历史知识的记忆不是一件轻松的事情。过去我们为了应对考试，往往会要求学生死记硬背，其中的艰辛自是人人皆知。历史记忆可不可以轻松快乐一点呢？如果学生不是刻意记忆，而是为了赢得游戏记忆知识，岂不乐哉？基于这种理想，我几年前就开始探索游戏化教学来减轻学生的记忆负担，并且取得了良好的效果。最初，我利用橙光游戏来制作文字类游戏，在课中和课后让学生通过玩游戏的方式加深对历史知识的理解与记忆。由于游戏画面精美，语言贴近学生生活，受到学生的广泛欢迎。但橙光游戏毕竟是一个游戏平台，还有许多其他游戏，我生怕学生会迷上这个平台，因此也就减少了对它的依赖。此外，制作橙光游戏费时费力，耗费了我大量课余时间和精力，实在不是一个很好的选择。当然，还是非常感谢这个平台，让我第一次尝到游戏化教学的甜头，并且应用其于课堂案例还获得了中央电教馆举办比赛的全国二等奖。该案例收录于本书的成果展示部分，有兴趣的读者可以看看。

近年来，我倾向于使用希沃白板5来制作课堂游戏。希沃白板5是一款白板课件制作软件，操作简单，直接套用模板即可制作各类课堂游戏。主要的课堂游戏有下面几种（见图2-3-2）：趣味分类、超级分类、选词填空、知识配对、分组竞争、判断对错、趣味选择等。

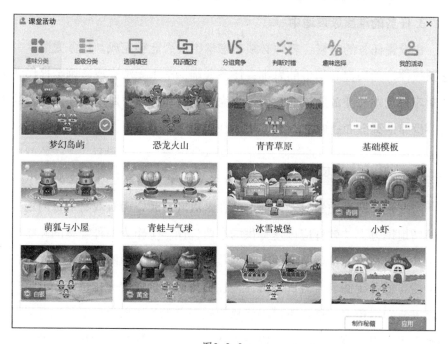

图2-3-2

趣味分类和超级分类适合比较历史事物或历史人物。趣味分类只有两个类别，如在教学初三下册"俄国的改革"一课的时候，为了让学生记住亚历山大改革和农奴制改革两次改革的内容，可以设置两个分类，让学生挑选相关的信息，拖曳进入相应的分类框内。若想让学生比较两次改革的异同点，则可以用超级分类，增加一个类别"共同点"，让学生选择后拖曳进去。

图2-3-3为八年级下册"社会生活的变迁"一课的希沃白板分类游戏活动。

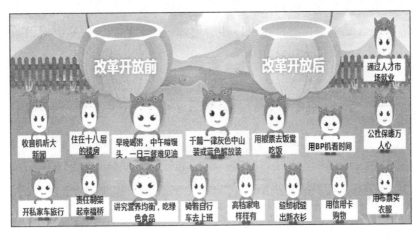

图2-3-3

选词填空则相对比较简单，可以给出本课的主要内容，挖空后让学生选择题空，也可以增加一些干扰项，提高填空难度。选词填空经过改造后，也可以变成年代尺的选词填空，需要教师具备更高的希沃白板制作能力。图2-3-4为工作室张蕾老师在教学"香港和澳门回归祖国"时所制作的课堂游戏。

图2-3-4

　　知识配对也是比较简单的游戏，可以用于分析内容的练习。例如，我们常常将某个历史事件的影响分为政治、经济、文化等方面的，这时候就可以让学生进行配对。当然，也可以相应增加一些干扰项，提高配对的难度。图2-3-5为梁喜萍老师的课件作品。

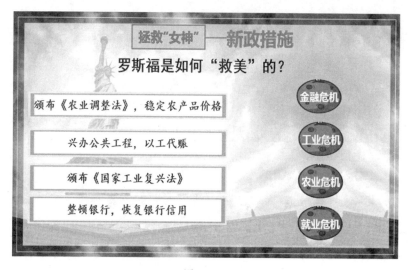

图2-3-5

　　分组竞赛作为学生非常喜欢的一项游戏，在课堂行将结束的时候用于巩固知识非常实用。这个游戏至少需要两个学生参加，可以从不同小组的学生中选择代表来参加。学生需要观看各自半边屏幕上出现的句子，判断对错。判断对了可以加分，反之则扣分，且还会出现有趣的动画效果。因为竞赛性强，趣味性十足，不止参与游戏的学生全情投入，基本上全班学生也会一起为各自支持的对象呐喊选择，因此记忆知识也变成了趣味十足的游戏（见图2-3-6）。

图2-3-6

判断对错与分组竞赛内容相似，且容量更大，学生也很喜欢这个游戏。教师可以根据学生的选择情况，尤其是出现错误判断的时候及时点评，巩固学生未能理解和掌握的知识（见图2-3-7）。

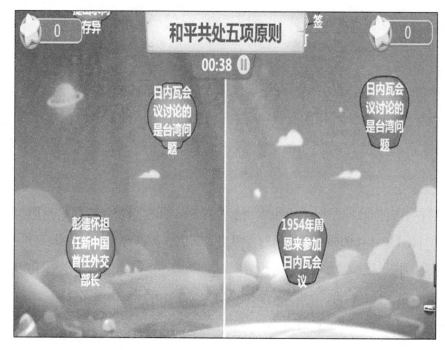

图2-3-7

当然，上述活动大多是基于知识记忆的游戏，适合减轻学生的记忆负担和提高课堂的趣味性，但想要提高学生的思维能力，还需要通过上述的任务驱动的设计。在使用了游戏化教学之后，我常常在上课前听到学生最多的问题是："老师，这节课有游戏吗？"可见学生对游戏的期待。此外，游戏化教学会增加课堂管理的难度。在学生玩游戏的时候，整个班级的学生几乎都激情投入，有时难免会发出很大的声音，有可能会影响到隔壁班的教学。因此，在进行游戏化教学的时候，教师可与学生约法三章，要求学生降低音量，避免影响其他班。如若不然，则减少甚至取消游戏环节。学生为了可以参加游戏，愿意遵守相关约定，使游戏化教学有序地开展。

## 四、大数据反馈

历史教师除了在课堂任务成果展示和游戏环境可以考查学生的学习情况

外，还可以采用信息化手段对学生的学习情况进行监控。目前，市面上已经开发出了许多学情评价工具，如龙岗区就有Aischool教育云平台。我用得比较多的是猿题库、组卷网和PP匠等，目前主要是使用组卷网。猿题库是完全免费的题库App，教师可以下载教师版猿题库并建立班级，然后让学生下载学生版App，加入相应班级，就可以在题库中选题，在课后布置作业。学生完成作业后，就可以即时在App上看到答题情况。对于答题情况较差的学生可以进行相应的个别辅导，对于错误率较高的题目，教师也可以在下节课进行全班辅导。组卷网则不需要下载App，直接在微信上关注公众号就可以申请账号，组建班级和邀请学生加入班级。相比之下，组卷网的题目更加丰富，更新也较快，这也是选择组卷网的原因。猿题库和组卷网的功能比较类似，在此不再赘述。PP匠则需要教师自己输入题目，而且目前开始收费，但做题的体验感会比较好，如可以加入音乐和抢红包等。但限于收费和需要自己输入题目，还是建议历史教师选择组卷网或猿题库。

当然，由于需要学生在手机上做题，历史教师必须和家长充分沟通。首先是告诉家长这样做的好处，可以及时了解学生的学习情况，家长也可以登录查看，方便快捷。其次是完成的时间一般在10分钟以内，请家长严格限制学生使用手机的时间。最后是要善用错题库，经常督促孩子查看错题解析，重做错题。数字化时代，学生不可能不接触手机。手机只是一种工具，无所谓好与坏，关键在于使用者如何去使用它。

（深圳市龙岗区宝龙学校　郑耿标）

第三章

初中历史思维化课堂研究成果

# 第一节　教学实践

## 史料评估教学课堂实录

师：我们来看看几个生活中的场景，不同的人对于过去发生的事情有着不同的解释，我们应该相信哪一个呢？

导入：再现生活场景：你更相信谁？

1. 某班级体育课期间，A同学丢失了100元，B同学曾回班级拿东西，C同学则是唯一从A同学那里得知钱所放之处的人。我们该相信谁？

2. 小狗从家里出来后不知所踪，爸爸认为小狗肯定跑到它经常去的河边了，妈妈认为它可能被坏人偷走了，邻居则说他路过公园看到过小狗。我们该相信谁？

3. 监控表明嫌疑人曾在11：00出现在银行，而他的同事则说当时他和嫌疑人在饭店。我们该相信谁？

师：除了生活的这些场景，历史学家也一直面临着一个问题，就是该相信谁呢？是什么使一个解释比另一个解释更加值得信任？对于历史资料，我们应以质疑、探究的精神对待。

师：其实历史学家也一样，同样面临着很多问题，我们应该相信哪个解释、哪个观点呢？我们作为中学生也应该拥有质疑和探究的精神去选取值得信任的历史资料。那么接下来，我们各小组讨论以下几个问题。

（1）什么是史料？

（2）电影、电视剧、故事书属于史料吗？

（3）如何判断一个史料是否值得信任？

（各小组进行讨论，师巡堂指导）

师：先看第一个问题：什么是史料呢？

生：史料是记录历史的资料。

生：古代的文物属于史料。

生：史官记录的文章。

师：历史乃过去发生的事，史料指可以据以为研究或讨论历史时的根据的东西，记载着过去发生的事。如文献、图画、文物、遗迹等。接着第二个问题，请同学们发表一下你的观点。

生：电影、电视剧和故事书都是虚构的，比如《西游记》里面的人物和发生的事情都是虚构的，不存在的。

师：老师假设一个场景，同学们判断一下是否属于史料。比如现在有一部关于抗日战争的电视剧，那么它能否作为研究抗日战争的史料？但是这个电视剧反映了当代的人们对于抗日战争的看法和政治立场，而几百年后，这个电视剧却可以成为研究我们这个时代的史料。所以，我们应该在不同场景具体分析史料的价值。

师：那么，你们如何判断一个史料是否值得信任呢？

生：要有明确的证据证明它的真实性。

生：史学家和专家写的资料，一般属于史料。

生：历史当中的人说过的话、写过的信。

生：诗歌，比如杜甫写的诗被誉为诗史，他的诗就反映了历史上发生的事。

生：古代的遗迹出土的文物最值得信任。

师：对于史料评估，我们初中生应该学会从价值上进行评估，它是一手史料还是二手史料。比如刚刚同学们所说的当时的人所写的诗词和如今的文物就是属于一手史料。所以，一手史料是指接近或者直接在历史发生当时所产生的，可直接作为透视历史问题的史料；二手史料是指经过后人运用一手史料所做的研究及诠释。比如刚刚同学们所说的史学家所写的专业资料就可以作为二手史料。

师：所以，我们来学习下一手史料和二手史料应该符合的原则。关于一手史料：①接近性，一般来讲，时间和空间越接近越真实。②全面性，我们要考虑作者能经历多少事情，是整个事情还是只有一小部分，哪些内容可能被忽略、掩盖、强调或者过度强调。③清晰性，我们应该判断作者是否清楚地解释了谁、什么、在哪里、什么时候、为什么。④客观性，寻找参考史料时，作者的世界观、偏见、信仰、欲望、价值观也是需要我们事先调查清楚的。

关于二手史料：①应该符合全面性原则，作者是否提供了广泛的权威或狭窄的范围。②相关性，作者所引用信息来源与主题的相关性、是否强化了论点的逻辑性。③完整性，作者是否承认可能存在相互矛盾的证据？或是矛盾的来源默默地省略。④证据来源，作者是否脚注或者其他引用文中准确地确定证据来源，以便大家查找和检查。比如，我们在七年级历史教科书中经常看到的古文史料，后面就有明确的来源记载。

师：学习单中设置了不同的资料，同学们先进行自学，判断A和B中的资料哪个更值得信任。同学们先自学2分钟，完成后小组进行讨论，尽可能达成一致的结论。待会儿同学们派代表进行发言，其他同学提出补充、质疑和不同观点。

（小组讨论时间，师巡堂指导）

课件展示：

1. 秦朝地方行政管理的具体情况是怎样的？

资料一：司马迁撰写的《史记》中有关秦朝的描述。

资料二：湖南湘西里耶县古井中出土的36000余枚秦简。

你更相信哪个文献？为什么？

生：我认为材料一更值得相信，因为西汉是继秦朝之后的时代，司马迁作为史学家记载的历史比较真实，我选择材料一。

师：当然《史记》是一个重要的史料，但材料二乃是出土的文物，文物虽然不会讲话，却是最真实的，你们觉得呢？

生齐声：对。

课件展示：

2. 诸葛亮实施空城计了吗？

资料一：陈寿所著《三国志》有关诸葛亮的记载。

资料二：1994版电视剧《三国演义》。

你更相信哪个文献？为什么？

生：材料一更值得我信任。这是因为《三国演义》是电视剧，改编自小说，所以有虚构的成分。

生：因为《三国志》是正史。

课件展示：

3. 武则天的身世生平？她是一个怎样的女皇帝？

资料一：日本女作家原百代花了11年的时间写成的《武则天》。

资料二：罗元贞先生的《武则天传》（山西古籍出版社1995年11月出版）。

罗元贞先生毕生从事武则天研究，是中华人民共和国成立后运用新观点重评武则天的第一人。

你更相信哪个文献？为什么？

生：我支持材料二。我认为日本跟中国关系不好，所以日本作家的写作应该不真实。

师：罗先生属于历史学家，相比于日本作家，对于研究武则天应该更具有发言权。

课件展示：

4. 岳飞是被秦桧害死的吗？

资料一：《宋史》列传第一百二十四章的描述。

资料二：对6位岳家后人进行采访时的叙述。

你更相信哪个文献？为什么？

生：我选择材料一。因为材料一是史书，材料二是岳家后人的采访应该受到情感的左右，对秦桧可能拥有一定的偏见。

师：我同意你的观点，而且后人的口耳相传也容易出现偏差。

课件展示：

5. 奴隶制在南卡罗来纳州是什么样子的？

资料一：1936年采访前奴隶。采访者是一位为联邦作家项目收集口述历史的黑人。

资料二：1936年采访前奴隶。采访者是一位为联邦作家项目收集口述历史的白人妇女。

你更信任哪一个？为什么？

（发言学生的回答，均反映了他们未理解题目的问题）

师：大家没有看清楚题目所表达的意思。被采访者都是前奴隶，而采访者就不同了，一个黑人，一个白人。黑人奴隶和黑人采访者之间的对话可能会比较轻松与真实，黑人奴隶与白人采访者之间的对话可能存在一定的异常态度，针对从前的愤怒情感有可能会爆发出来，也会存在夸大事实的情况。

课件展示：

6. 奥斯维辛集中营的布局是怎样的？

资料一：1985年对80岁大屠杀幸存者的采访。

资料二：纳粹档案中发现的集中营地图。

你更信任哪个文献？为什么？

生：我更信任资料二。因为80多岁的幸存者可能记不太清楚了，会忘记。而地图比较能真实反映当时的情况。

师：说得非常好。的确资料二更值得我们信任。然而我们应该清楚一点，地图是如此规划，但是当时也有可能存在一定的改动或者变化。作为中学生，我们应该对研究历史的资料进行甄别，这样会成为一个具有质疑精神和探究精神的初中生。今天的课上到这里，下课。

生：谢谢老师。（起立，齐声）

## 附：史料评估问题

七年级史料评估问题

班级_____    学生_____

1. 北京人的生活状况是怎样的？你更相信哪个资料？（    ）

A. 北京人遗址里发现的灰烬、烧石、石锤等遗迹、遗物。

B. 历史教科书上对北京人生活状况的描述。

2. 了解商朝的政治、经济、文化等方面的历史。你更相信哪个资料？（    ）

A. 商朝出土的青铜器、青铜器上的铭文、甲骨文上的记载。

B. 司马迁的《史记·殷本纪》里的记载。

3. 武王伐纣的决胜战牧野之战发生的具体年份是哪年？你更相信哪个资料？（    ）

A. 春秋战国时期编年体通史《竹书纪年》中的记载。

B. 西周早期青铜器利簋中的记载。

4. 研究儒家学派创始人孔子的政治主张以及他的思想。你更相信哪个资料？（    ）

A.《论语》记载的是孔子的言论。

B. 某历史学家对孔子的研究的著作。

5. 秦国白起下令杀死40万赵国士兵是活埋还是死后乱葬？你更相信哪个资料？（    ）

A. 司马迁《史记·白起王翦列传》中的记载。

B.《长平古战场永禄1号尸骨坑的发掘简报》中的报告。

6. 秦朝地方行政管理的具体情况是怎样的？你更相信哪个资料？（　　　）

A. 司马迁撰写的《史记》中有关秦朝的描述。

B. 湖南湘西里耶县古井中出土的36000余枚秦简。

7. 秦朝徭役沉重，孟姜女哭长城，你认为是真的吗？你更相信哪个资料？（　　　）

A. 秦简里关于秦代的记载。

B. 人们口耳传说。

8. 秦始皇到底是传位给扶苏还是传位给胡亥？你更相信哪个资料？

（　　　）

A. 西汉时期司马迁《史记·秦始皇本纪》中的记载。

B. 西汉时期无名氏所著《赵正书》中的记载。

9. 诸葛亮实施空城计了吗？你更相信哪个资料？（　　　）

A. 陈寿所著《三国志》中有关诸葛亮的记载。

B. 1994版电视剧《三国演义》中的情节。

10. 赤壁之战发生在哪里？你更相信哪个资料？（　　　）

A. 苏轼《念奴娇·赤壁怀古》所写地点。

B.《三国志》中关于赤壁之战的记载。

11. 武则天的身世生平？是一个怎样的女皇帝？你更相信哪个资料？

（　　　）

A. 日本女作家原百代花了11年的时间写成的《武则天》。

B. 罗元贞先生的《武则天传》（山西古籍出版社1995年11月出版）。

罗元贞先生毕生从事武则天研究，是中华人民共和国成立后运用新观点重评武则天的第一人。

12. 岳飞是被秦桧害死的吗？你更相信哪个资料？（　　　）

A.《宋史》列传第一百二十四章的描述。

B. 对6位岳家后人进行采访时的叙述。

13. 明朝时倭寇为什么会猖獗？你更相信哪个资料？（　　　）

A.《明代倭寇史料》，台北郑梁生编校，主要记载了明代倭寇的情况。

B.《倭寇——海上历史》，（日）田中健夫著，日本人的内心独白，如果你想从侵略者角度出发研究倭寇的行为。

14. 宋代交子的诞生地是哪里？你更相信哪个资料？（　　　）

A. 1987年出版的《成都城坊古迹考》中的记载。

B. 元代费著的《楮币谱》中的记载。

15. 马可·波罗是否曾经来华？你更相信哪个资料？（　　　）

A. 马可·波罗口述的《马可·波罗游记》。

B. 德国图宾根大学汉学系教授福格尔出版的《马可·波罗到过中国：货币、食盐、税收方面的新证据》。

16. 郑和下西洋的宝船是否船体巨大？你更相信哪个资料？（　　　）

A. 明代马欢所著的《瀛涯胜览》中的记载。

B. 明代南京龙江船厂遗址上，两次出土了全长超过11米的巨型舵杆。

17. 袁崇焕是否是被崇祯皇帝冤杀？你更相信哪个资料？（　　　）

A. 参加反清复明活动的朱舜水所著的《朱舜水集》中的记载。

B. 清朝时期撰写的《明史》中的记载。

18. 明末农民起义将领张献忠是否在兵败后沉银江口？你更相信哪个资料？（　　　）

A. 张献忠兵败后，民间盛传张献忠有巨额财富沉江隐藏。

B. 彭山江口水下当地在工程建设中发现了大量明代文物，出水地点与文献记载张献忠"江口沉银"地点一致。

19. 努尔哈赤是如何死亡的？你更相信哪个资料？（　　　）

A.《清史稿》和《清太祖武皇帝实录》中说到，努尔哈赤因病去世。

B. 朝鲜人李星龄所著的《春坡堂日月录》。

20. 光绪帝是何死因？你更相信哪个资料？（　　　）

A. 专家们对清宫医案的收集整合得出的结论。

B. 法医对光绪帝衣物、头发、骨头砷含量的测试结果。

参考答案：

| | | | | |
|---|---|---|---|---|
| 1. A | 2. A | 3. B | 4. A | 5. B |
| 6. B | 7. A | 8. A | 9. A | 10. B |
| 11. B | 12. A | 13. A | 14. B | 15. B |
| 16. B | 17. B | 18. B | 19. A | 20. B |

## 八年级史料评估问题

班级_____        学生_____

1. 历史问题：鸦片战争中琦善有没有与英军签《穿鼻条约》？

资料一：百度百科对《穿鼻条约》词条的解释。

资料二：清政府官修的对外关系档案《三朝筹办夷务始末》中对此事的描述。

你更相信哪个文献？为什么？

2. 历史问题：光绪皇帝有没有给康有为衣带诏让其"围园杀后"？

资料一：康有为在海外流亡时的自述。

资料二：2012年近代史专家马勇对此事的研究报告。

你更相信哪个文献？为什么？

3. 历史问题：土地改革是什么样的？

资料一：1980年对经历土地改革的几个地区的一些地主的采访。

资料二：1980年对经历土地改革的某个农民的采访。

你更相信哪个文献？为什么？

4. 历史问题：朝鲜战争到底是谁先发动的？

资料一：朝鲜中学教科书对此事的描述。

资料二：苏联解密文档中朝鲜领导人与斯大林的通信记录。

你更相信哪个文献？为什么？

5. 历史问题：抗美援朝中上甘岭战役发生了什么？

资料一：中国1956年上映的电影《上甘岭》的描述。

资料二：上甘岭战役发生后第二天日本媒体对它的报道。

你更相信哪个文献？为什么？

6. 历史问题：农业合作化中农民参加合作社的积极性如何？

资料一：当时的新闻报道。

资料二：经历农业合作化运动的农民的口述。

你更相信哪个文献？为什么？

## 九年级史料评估问题

班级_____　　　学生_____

1. 中世纪西欧庄园中农奴的管理制度是怎样的？

资料一：13世纪一个庄园法庭留下来的记录。

资料二：一部关于中世纪庄园生活的电影。

你更相信哪个文献？为什么？

2. 拿破仑是如何死亡的？

资料一：几百年来最盛传的砒霜中毒。

资料二：科学家利用医学技术对拿破仑的尸检报告。

你更相信哪个说法？为什么？

3. 古希腊米斯诺迷宫的布局是什么样子的？

资料一：古希腊神话传说。

资料二：考古挖掘出来的米斯诺迷宫遗址。

你更相信哪个说法？为什么？

4. 历史问题：希特勒为什么要杀犹太人？

资料一：希特勒的自传《我的奋斗》。

资料二：一位历史学家的著作，这位历史学家是研究二战史的专家。

你更相信哪个文献？为什么？

5. 历史问题：1944年6月6日，诺曼底登陆战况如何？

资料一：1998年拍摄的电影《拯救大兵瑞恩》。

资料二：1944年6月6日后的新闻报道。

你更相信哪个文献？为什么？

6. 历史问题：研究中东地区错综复杂的矛盾。

资料一：一位历史学家的著作，这位历史学家是研究中东地区的专家。

资料二：采访一些中东地区的老百姓。

你更相信哪个资料？为什么？

（执教者：深圳市龙岗区宝龙学校　袁晓云）

# "人民解放战争的胜利"教学设计

## 一、教学设计特色

（1）运用自主、合作、探究的学习方式，充分体现育人为本的教育理念，发挥历史学科的教育功能，以培养和提高学生的历史素养为宗旨，引导学生正确地考察人类历史的发展进程，逐步学会全面、客观地认识历史问题。

（2）基于大单元、生成式教学理念进行初中历史思维型教学实践，旨在使学生具有较高层次的思维能力，促进学生的全面发展。

## 二、教材分析

本课主要学习两目内容：解放区的土地改革，三大战役和南京解放。两目内容之间因果相连，人民解放战争是国共两党的最后决战，也是中国新民主主义革命迅速走向胜利的阶段。解放区的土地改革为解放战争的胜利提供了重要的人力、物力保障。在广大人民的支持下，人民解放军屡战屡胜，获得了解放战争的胜利。人民解放战争胜利，为中华人民共和国成立打下了坚实的基础，在中国近现代史上起着承上启下的重要作用。

### 三、学情分析

（1）学习习惯：经过一年的历史学习，八年级的学生已掌握利用思维导图、时间轴巧妙串联并利用史料简单分析历史事件之间关系的能力。

（2）知识储备：学生对内战爆发的原因、战略防御阶段的史实有一定的了解，但对于其后的发展了解较少，需要课前查阅资料。

（3）思维特点：这个阶段的学生思维活跃，勇于表现，对新鲜事物充满好奇心，有主动学习的良好愿望，同时又存在看待问题欠周到和重表象轻实质等特点。

### 四、教学目标

（1）结合天盘，通过课前预习，课上同伴互助的方式梳理"三年内战"的线索；基于图片史料，逐步掌握识别和运用历史地图的方法。（历史解释）

（2）通过收集资料，讲述土地革命、刘邓大军挺进大别山、三大战役和南京解放的故事，提高历史叙事的能力。（时空观念、历史解释）

（3）通过史料分析和组内探究的方式，从多个角度分析国民党南京政权覆亡和人民解放战争迅速胜利的主要原因，知道人民解放战争的胜利与新解放区的土地改革、人民群众的支持有一定的因果关系。（史料实证、历史解释、唯物史观）

（4）在梳理国共分分合合的史实中，初步形成历史认识：国共合则两利，分则两伤。（家国情怀）

### 五、教学重难点

（1）教学重点：解放区的土地改革；辽沈、淮海、平津三大战役。

（2）教学难点：理解国民党南京政权覆亡和人民解放战争迅速胜利的主要原因。

## 六、教学过程

### （一）课前独学，先学后教

（1）课前根据教材，完善导学案上的"三年内战"天盘。

（2）根据导学案上的材料，初步分析国民党南京政权覆亡与人民解放战争迅速胜利的主要原因。

（3）课前查阅资料，讲述刘邓大军挺进大别山、三大战役、渡江战役的故事。

### （二）情境导入，激活思维

教师应出示1955年美国《时代周刊》封面人物图片，并提问：蒋介石名字前面没有任何头衔，背景是一个国民党的士兵孤单地守望着大海，对岸是中华人民共和国，此时蒋介石的脸上是无奈还是失望？请说说你的理由。

（设计意图：创设情境，激发兴趣；初步检测预习效果。）

### （三）结对互学，体系建构

任务单一：师傅结合课前自主预习完善后的思维导图对徒弟讲解教材中"三年内战"的主要内容，并指导徒弟在教材上做好重点笔记（见图3-1-1）。

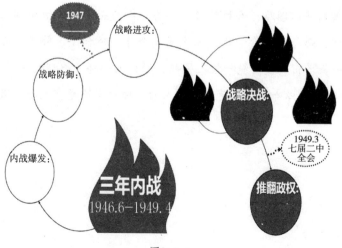

图3-1-1

（设计意图：通过生生互助，挖掘课程资源；利用可视化工具，以时间为序，将知识结构化、系统化，帮助学生搭建起时空主线。）

**（四）图说历史，检测成果**

任务单二：拟标题、讲故事、排序号。

（PPT提示要求：①生动有趣、符合史实；②边听边完善学案中的表格）

学生回答后，教师点拨识别历史地图的基本方法，并补充学生有漏洞的相关史实。

（设计意图：逐步掌握识别和运用历史地图的方法，将所了解的史实放置在具体的时空长廊中，提高基于图片史料进行历史叙事的能力。）

**（五）组内探究，组间碰撞**

任务单三：（1）根据材料一，分析解放区土地改革的作用。

（2）综合两则材料并结合所学知识，简析国民党南京政权覆亡与人民解放战争迅速胜利的主要原因。

材料一：

共产党领导的土地改革，圆了农民祖祖辈辈渴求土地的梦。为了保卫已经获得的土地，农民是不惜一切代价的。因此，共产党领导的军队在兵源上从来没有遇到任何困难，人民解放军的每一个战士都骄傲地声称他是自愿参军的。蒋辖区则是另一番景象，国民党军全靠"抓壮丁"补充兵源，人们常可以看到一长串新兵被用绳子拴在一起，像奴隶一样，被押到兵营。

——摘编自谭奇伦《从蒋介石等人的自白看国民党在大陆失败的原因》

材料二（见图3-1-2）：

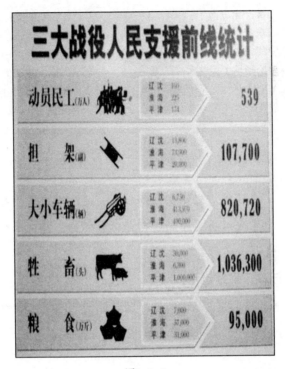

图3-1-2

组内研习，代表发言：

（1）从材料一中能够看出解放区的土地改革激发了农民革命和生产的积极性，为人民解放战争的胜利提供了重要的人力、物力保障。

（2）从材料一中可以看出国共双方在兵源、士气方面形成鲜明对比，背后的原因主要是中国共产党满足了千百年来农民对土地的要求。从材料二中可以看出人民解放战争的胜利离不开群众的支持。

其他小组进行点评和补充后，教师从整体思维的角度进行点拨：在解放战争爆发后的短短三年时间，中共几乎解放了整个中国，而国民党却失去了政权，究其主要原因，我们可以从两个角度入手进行分析。

①主体分析法：国民党vs共产党；②角度分析法：政治、经济、军事、民心等（见图3-1-3）。

图3-1-3

（设计意图：在了解历史事实的基础上，通过探究性学习，提高表达与交流的能力，逐渐学会对历史事物进行分析和评价，并在探究历史的过程中尝试反思历史，吸取历史的经验教训。）

**（六）个人迁移，思维运用**

任务单四：以时间轴的方式列举不同时期国共两党合合分分的史实，思考：制约国共两党关系变化的因素有哪些？（见图3-1-4）

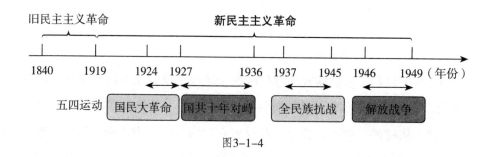

图3-1-4

学生归纳：

① 1924—1927年，国民大革命时期——合作北伐，基本推翻北洋军阀统治。

② 1927—1936年，国共十年对峙时期——日本趁机侵华。

③ 1937—1945年，全民族抗战时期——联合抗日，取得近代以来反抗外敌入侵的第一次完全胜利，提高了中国的国际地位。

④ 1946—1949年，解放战争时期——国共内战。

因此，国共两党合则两利，分则两伤。

教师点拨：制约国共两党关系变化的因素有：①根本原因：国共两党所代表的阶级利益不同；②直接原因：社会主要矛盾的变化；③外因：国际政治势力的态度和国际环境的影响。

（设计意图：通过时间轴的方式搭建历史，并经过分析、综合、概括、比较等思维过程，对历史事实进行理解和判断，从而形成历史认识。）

拓展阅读：《有一块伤口不忍再提》

易代之际，通常都是血流成河……长春围城造成大量民众饿死……

国民党军在山东战场下达造成"绝地"，"无论男女老幼，一律格杀"的命令……

国共为争夺苏北重镇盐城，造成大量伤亡。1946年冬，国民党军攻下盐城，发现周边的战壕里掩埋了700多具被冻僵的解放军士兵的尸体，每个人的口袋里都有被雪水浸透了的家书和亲人的照片；而在同一城的护城河里，国民党军又发现有王铁汉的国民党军第四十九军3000多具尸体。

——高华《读龙应台〈大江大海一九四九〉札记》

（设计意图：通过具体、生动的历史细节，升华情感。）

**（七）课堂小结，搭建时空**

任务单五：教师应结合时间轴，小组合作梳理相关史实及附加一个拓展二级关键词（见图3-1-5）。

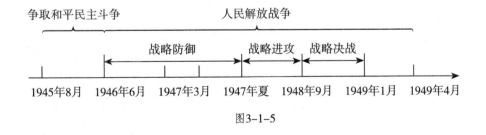

图3-1-5

教师点拨：历史抉择决定历史命运。在抗日战争胜利后，中国共产党从人民的利益出发，尽一切努力争取和平，做出了自己的抉择——参加重庆谈判；而国民党不顾人民的意愿做出了自己的抉择——撕毁"双十协定"，发动内战。为此，人民也在内战中做出了自己的历史抉择。

（设计意图：在"大单元"框架下，通过"点"与"点"之间的联系来理解"线"。）

（深圳市龙岗区石芽岭学校　曾燕玲）

# 第二节　教学反思

## 史料评估教学的失落、价值与救赎 [1]

随着信息化时代的来临，知识观的改变，是以个人发展和终身学习为主体的核心素养模型逐渐取代以学科知识结构为核心的传统课程标准体系。在历史核心素养之中，这是因为史料实证是历史学科素养得以达成的必要途径，如何培养史料实证素养可谓是备受关注。史料教学是培养学生史料实证的历史思维的基本途径，因为从逻辑上讲没有史料则无法进行史料实证。何成刚认为，"史料教学"将是培养学生历史核心素养的重要指导思想。然而，在运用史料教学培养学生的史料实证素养的时候，却依旧存在着非常大的误区和缺失。何成刚、沈为慧认为，目前史料教学存在乱用、错用、片面使用史料等情况。赵亚夫教授更是指出，许多历史课堂上史料的运用"旨在挖掘史料、堆砌史料，让史料服务于教师的讲授，它就偏离了中学历史教学的本位，行不通的"。如何正确进行史料教学，使史料教学服务于学生史料实证素养的培养？这是非常值得探讨的问题。

---

[1] 本文及下列史料评估问题为郑耿标所主持的2018年深圳市教育规划重点课题"核心素养视野下的史料评估教学研究"成果。

### 一、国内史料评估教学的失落

在传统的史料教学中，史料一般由教师提供，学生则是从史料中提取有效信息，形成历史证据来证明某个历史认识。其流程如图3-2-1所示。

图3-2-1

在这个过程中，学生所要做的仅仅是从史料中提取信息而已。这就有点像在考学生的语文阅读理解了，理解能力强的学生，从史料中找到所需信息自然优于其他学生。举个例子，如果某位历史教师想要说明鸦片战争时期中国落后于英国，一般情况下会列举出一些史料，如中英工业化水平对比、武器对比、政治情况对比等供学生阅读。当学生阅读这些史料的时候，他们所需要做的事情就是在这些史料中提取具有共性的信息，最终得到"鸦片战争时期中国落后于英国"的历史认识即可。

这样的史料教学，难道不是阅读理解教学吗？它可以多大程度上培养学生的史料实证素养？我对此感到疑惑。但许多历史教师却乐此不疲地在进行着这样的史料教学，丝毫未曾意识到这种教学方式实际上对于学生史料实证素养的形成裨益甚小。这样的史料教学，实质上并不具有教育意义，因为它是有悖思维过程的。杜威在《我们如何思维》一书中，提出具有教育意义的思考或思索的过程，如图3-2-2所示。

图3-2-2

实际上在历史新课标中，课标制定者已经对史料实证的基本过程做了梳理，其基本过程与杜威所提出的具有教育意义的思维过程基本是一致的，只不过把杜威的思考过程中的第二个步骤拆解为两个步骤。史料实证的基本过程如图3-2-3所示。

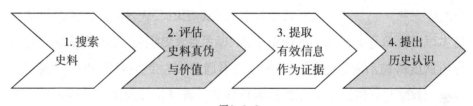

图3-2-3

不仅如此，历史新课标特别强调"能够通过对史料的辨析和对史料作者意图的认知，判断史料的真伪和价值，同时在此过程中增强实证意识"。由此可见，史料评估教学是形成史料实证素养的关键一环。但恰恰是这一关键环节，在目前的史料教学及其相关研究中，几乎处于"失落"状态。我从知网键入"史料评估""史料鉴别""史料评估教学""史料教学"等关键词，只能查询到寥寥几篇与史料评估相关的文献，且大多是从历史教师选取史料的角度进行论述，即教师如何鉴别史料以选取合适的史料运用于史料教学之中。

相比之下，美国对于史料评估教学则有着比较成熟的研究和实践。如在美国国家思维教育中心提供的历史学科批判性思维教学的示范案例中，就非常注意引导学生运用图形组织者对立场迥异的一手史料进行评估，以此来提高学生的批判性思维。美国斯坦福大学历史教学小组①"像史家一般阅读"的项目也十分强调历史学习应该摆脱记忆历史知识而重点关注提高学生评估史料的可信性的能力，并且还提供了相关教学步骤和案例来指导初中的历史史料评估教学。

### 二、史料评估教学的价值所在

赵恒烈认为，凡是将史料用之于历史课堂的，即可称为"史料教学"。史料教学又可分为"自然渗透"和"有意为之"两种做法。前者是教师结合所教历史知识，摘取相关原始史料充实教材以扩大学生视野。后者则是找来与历史知识相关的史料，引导学生对史料进行分析、解读，培养学生认识历史的能力和方法。这种史料教学的概念只是停留在认识层面，遗憾的是，很多历史教师的史料教学也确实止步于此。相较之下，我更为认同的是李稚勇对史料教学所下之定义。所谓史料教学，注重史料的选择、甄别、分析、判断与运用，学生在教师的指导下，通过自身的探索活动来认识历史，并掌握一定的历史研究方法，形成一定的历史观和价值观。史料教学就是"做历史"（learning history by doing history），学生们像历史学家一样思考、分析解决历史问题，也从根本上体现了历史教学的本质要义与价值追求。

史料评估教学指的是在史料教学过程中，学生在教师的指导下，对史料进行有效性与可靠性的价值判断的教学活动，在此过程中，初中生逐步形成史料评估的意识和能力。当学生在探究历史时，在收集史料进行研究或印证某一历史事件或结论的过程中，必须意识到由于被用以证史的史料可能有意

---

① 美国斯坦福大学历史教学小组由斯坦福大学的教职员工、研究生、博士后和访问学者等组成，旨在提高美国历史教育质量。该小组所开发的"像史家一般阅读"课程在美国广受欢迎，其课程资料在网上已被下载超过500万次。

或无意存在不客观甚至伪造的情况，并且有能力对史料的有效性与可靠性进行一定程度的价值判断。历史学家对历史问题进行"断案"的证据（史料）是否有效决定了他们研究成果的可靠性。由此，在初中阶段培养学生的史料评估能力有利于历史学的发展。

同时，这样做也具有现实意义。在史料评估的过程中，学生也会逐步形成批判性思维，并将这些批判性思维技能迁移到生活之中，用以评估课堂以外的其他重要信息来源的可靠性和准确性，在这个信息大爆炸时代中保有独立思考之精神和做出合理判断之能力。

然而，学生的史料评估能力并非天生的，它是需要通过教学和训练才可能拥有的。史料评估教学从属于史料教学，属于史料教学中的一个重要环节。之所以要把史料评估教学单独从史料教学中剥离开来，在此单独论述，是由于它具有高度的史学价值和现实价值，应当引起广大历史教师的关注。

## 三、史料评估教学的救赎之道

### （一）教师应提高对史料教学的认识

史料教学之所以会沦为"阅读理解"教学，是许多历史教师对史料实证的认识不足所致。正如首都师范大学赵亚夫教授所言，史料教学不应只是服务于教师的讲授。实际上，服务于教师讲授的史料教学是无法培养学生的史料实证素养的。在这样的教学之中，教师早就预设好了结论，学生的思维也已经被限制死了。这样的教学并不具备生成性，无论学生从史料中提取怎样的信息，其也只能用于证明教师预设好的结论。其教学的中心关注点如图3-2-4所示。

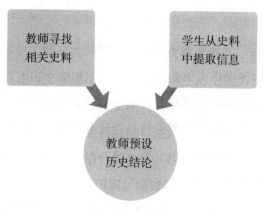

图3-2-4

从图3-2-4中我们可以看出，在这种教学过程中，教师预设的历史结论始终处于教学的中心。它既是教师寻找史料的目的，也是学生从史料中提取信息的目的。归根结底，还是一种历史知识的灌输，只不过它披上了史料教学的外衣罢了。这样的史料教学，实质上无法发挥其培养学生史料实证素养的功用。那么，真正有益于培养学生史料实证素养乃至其他素养的史料教学，应该是以什么为中心呢？我以为应是以"历史问题的解决"（PBL）为中心。

从图3-2-5中我们能够看出，在以"历史问题的解决"为中心的史料教学中，其结果是生成性的而非预设性的。生成性的教学有助于培养学生的批判性思维和创造性思维。这样的教学过程，从史料收集、史料评估、提取信息到解决历史问题，其主体几乎都是学生，也非常有利于发挥学生的主体作用。鉴于目前在史料收集方面学生可能存在一定困难，教师可以在必要的时候帮助学生收集史料。但在史料评估方面，如上文所述，鉴于其具有较高的史学价值与现实价值，教师应当在这一方面下足功夫，以发挥运用史料教学培养学生史料实证素养的功用。

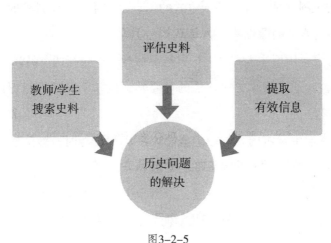

图3-2-5

任何的教育教学改革都离不开理念的革新。理念先行是教育改革成功的前提。所以，提高历史教师对于史料评估教学的重视尤为迫切。

**（二）史料评估教学的两种方式**

如何进行史料评估教学？在国内研究较为缺乏的时候，我们不妨借鉴美国同行的一些做法。根据查阅到的资料，史料评估教学主要有注入方式和独立方式两种。这两种教学方式各有优缺点，历史教师可以根据自己的实际情况选择适合的方式开展史料评估教学。

**1. 注入方式**

注入方式（infusion approach）指在初中历史课程中直接提供思维指导，利用原有课程来提高学生的批判性评估史料的能力，增强学生的学习能力。这种方式由美国国家思维教育中心罗伯特·斯沃茨所提出，他认为史料评估实际上是一种论证评估的技能，可视为一种思维培养指向的学习，其侧重点在于分析和评估论据即史料的可靠性与说服力。虽然教科书和考试的改变在一定程度上反映了思维或核心素养的培养目标，但教师通过日常的课堂教学必须承担起帮助学生成为更好的思维者的主要责任。在我们日常的历史教学中，历史教师可以重新组合课程内容，将史料评估的技能融入课程之中以培养学生的批判性思考能力。因此，注入方式不需要我们在常规课程之外特别开设专门的史料评估课程。注入方式的优点是它不占用常规课时，不影响教学进度，但对教师的课程整合能力要求比较高。

一般来说，使用注入方式进行史料评估教学应包括四个教学步骤。

（1）教师通过演示史料评估的重要性，向学生介绍史料评估中用到思维技能或过程。

（2）当学生学习内容领域的概念、事实和技能时，教师使用明确的提示来指导学生熟练地进行史料评估的实践。

（3）教师提出反思性的问题，帮助学生中立地看待他们正在评估的史料，这样他们就可以意识到他们是如何思考的，并制订计划来熟练地进行史料评估。

（4）教师通过为学生提供更多的独立思考的机会来强化史料评估的思维策略。

在注入式课堂中，教师经常应用的教学方法包括合作学习、图形组织者、更高阶的问答、苏格拉底式的对话、操作和探究学习等。例如，在"美国革命的根源"一课中，教师除了安排小组讨论、师生对话之外，还使用了思维策略图（见图3-2-6）以及论证评估核对表（见图3-2-7）来帮助学生对两则观点迥异的史料进行评估。

---

**思维策略图、论证评价**

1.论据是什么？

2.我们还要知道其他什么事情以判定这些理由是准确的吗？如果要，是什么？

3.即使提供作为理由的信息是准确的，在我们被说服接受这个结论前，我们还需要知道其他事情吗？如果要，是什么？

4.在这些问题的答案的基础上，论证是有说服力的，没说服力的，或不确定的？

图3-2-6

**论证评估核对表**

| 1.你需要知道什么事情来决定这些理由是否准确吗？ Yes☐　No☐ ||
|---|---|
| 2.如果是，你需要知道什么信息？ ||
|  |  |
|  |  |
|  |  |
| 3.如果这些理由是准确的，在你接受结论之前，你还需要额外的信息吗？ Yes☐　No☐ ||
| 4.如果是，你需要什么信息？ ||
|  |  |
|  |  |
|  |  |
| 只有当你对以上问题1和问题3都回答"No"的时候，这个论证才是有说服力的。 ||

图3-2-7

## 2. 独立方式

独立方式（general approach）指的是单独开设史料评估教学课程，该课程一般与学期历史教学内容无关或相关性不大。这种教学方式的优点是操作难度较低，只要对相关案例进行改造即可直接拿来使用，不需要教师有很高的课程整合能力。缺点可能是会占用常规课程的课时，但如果学校条件允许的话，它是比较适合在活动课或校本课程中使用的。

美国斯坦福大学历史教学小组"像史家一般阅读"的项目以探究学习为主，每节课都围绕一个历史问题，学生不以记忆历史事实为目的，而是评估关于历史问题的多个观点的可信性，并学习用书面证据支持历史主张。评估史料作为史家阅读的一个重要技能，该项目也特别为该技能的培养设计了教学计划供初中教师参考。根据他们所提供的教学计划，明确该课程为典型的独立方式教学。其教学过程可以概括如图3-2-8所示。

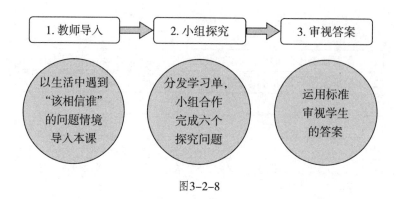

图3-2-8

项目提供给学生讨论的学习单主要由六个史料评估问题组成，有简单的，也有比较难的，体现了一定的层次性。较简单问题如图3-2-9所示。

历史问题："独立宣言"签署时谁在场？

史料1：2001年拍摄的关于美国革命的好莱坞电影。

史料2：1999年出版的一位著名历史学家撰写的书，他是研究美国革命的专家。

你更信任哪一个？为什么？

图3-2-9

学生只要知道好莱坞电影并不需要历史的准确性，即可知道史料2更值得信任。而下面的问题则比较困难（见图3-2-10）。

历史问题：奴隶制在南卡罗来纳州是什么样子的？

史料1：1936年采访前奴隶。采访者是一位为联邦作家项目收集口述历史的黑人。

史料2：1936年采访前奴隶。采访者是一位为联邦作家项目收集口述历史的白人妇女。

你更信任哪一个？为什么？

图3-2-10

在判断这个问题的时候，学生需要展开历史移情，站在前奴隶的立场上思考：即使在1936年，前奴隶仍可能对白人政府官员保持警惕之心，所以史料1是更值得信任的史料。而这并不是说史料1必然是准确的。我们可以想象一个前奴隶可能夸大叙述，或者可能不太清楚地记住细节。因此在这两个史料中，史料1也许更值得信赖。

为了提高学生评估史料的水平，学生需要明确史料评估的标准是什么。"像史家一般阅读"项目给教师提供了适合在初中使用的一手和二手史料评估标准，详见表3-2-1。

表3-2-1

| 一手史料评价标准 | |
|---|---|
| 接近性 | 时间接近性、地点接近性 |
| 全面性 | 作者能经历多少事情，是整个事情还是只有一小部分？哪些内容可能被忽略、掩盖、强调或者过度强调 |
| 清晰性 | 作者是否清楚地解释了谁、什么、在哪里、什么时候和为什么 |
| 客观性 | 作者的世界观、偏见、信仰、欲望、价值观 |
| 二手史料评价标准 | |
| 全面性 | 作者是否提供了广泛的权威或狭窄的范围 |
| 相关性 | 引用信息来源与主题的相关性、是否强化了论点的逻辑性 |
| 完整性 | 作者是否承认可能存在相互矛盾的证据？或是矛盾的来源默默地省略 |
| 证据来源 | 作者是否脚注或者其他引用文中准确地确定证据来源，以便大家查找和检查 |

在学生对不同史料进行信任评估的小组讨论之前，教师可以将此表提供给他们作为参考的标准。

## 四、结语

史料评估教学是史料教学的一个重要部分，其对于史料实证素养的形成具有重要的作用，具有高度的史学价值。与此同时，史料评估教学也有利于学生批判性思维的养成，在信息化时代中具有强烈的现实价值。然而，长期以来，史料评估教学并没有受到历史教师和研究者的重视，处于普遍缺失的状态。因此，历史教师应该重视史料评估教学的开展和研究，充分发挥史料评估教学的双重作用，使史料教学真正服务于史学的发展和学生的发展。

**参考文献**

［1］何成刚，沈为慧. 史学阅读与史料教学［J］. 历史教学（上半月刊），2016（11）：3-11.

［2］约翰·杜威. 我们如何思维［M］. 伍中友，译. 北京：新华出版社，2014.

［3］中华人民共和国教育部. 普通高中历史课程标准（2017年版）［M］. 北京：北京师范大学出版社，2018.

［4］赵恒烈. 历史教育与素质教育：上册［M］. 北京：中华工商联合出版社，2007.

［5］李稚勇. 论史料教学的价值——兼论初中历史教学发展趋势［J］. 课程·教材·教法，2006（9）：61-66.

［6］郑耿标. 将批判性思维技能教学融于初中历史中——《美国革命的根源》单元教学案例［J］. 历史教学（初中版），2010（9）：65-72.

（深圳市龙岗区宝龙学校　郑耿标）

# 思维可视化工具在初中历史教学中的应用初探

## ——以"辛亥革命"一课为例①

## 一、引言

思维可视化是指以图示或图示组合的方式，将原本不可见的思维结构、思考路径及方法呈现出来，使其清晰可见的过程。这些被使用的图示或者图示组合即思维可视化工具。常见思维可视化工具有圆圈图、气泡图、双气泡图、树形图、桥形图、流程图、复流程图、思维导图和概念地图等。教师通过将思维可视化工具融入教学之中，可以帮助学生系统化知识，使知识更易被理解和记忆，解题更加规律化和模式化，更重要的是这种教学有利于促进学生思维能力尤其是高阶思维能力的发展。总而言之，思维可视化工具在教学中是非常有用的学习脚手架，它为教学的减负增效找到了新支点。因此，初中历史教师在教学中应该合理应用思维可视化工具，以提高教学效能。但目前在初中历史教学中，思维可视化工具的应用还比较少见，亟待引起初中历史教师的重视和应用。我所在单位参与了"思维发展型学校联盟"，因此有幸学习并实践了思维发展型课堂。在教学实践中，我较常使用的是圆圈图、双气泡图、流程图和思维导图等。在此我以八年级上册"辛亥革命"一课为例来说明如何在初中历史教学中开展思维可视化教学，以及对思维可视

---

① 本文获得第七届全国思维教学年会论文组二等奖，并收录于由北京师范大学出版社出版的《思维发展型课堂的理论与实践（第三辑）》一书中。

化教学的几点思考。期待抛砖引玉，触发更多的历史教师参与到思维可视化课堂的研究和建构中。

## 二、思维可视化工具在初中历史教学中的应用

### （一）圆圈图：检验预习效果

布置预习作业是许多历史教师开展教学之前必不可少的一个环节，因为预习的效果在很大程度上影响了课堂教学的实效。有的教师会简单随口一提，让学生课前预习，但学生有无预习、效果如何则无从评价。目前许多教师会布置一个学案让学生在课前完成，但大部分学案中充斥着大量习题，大大增加了学生的学习负担，使学生疲于应付。而以完成圆圈图作为预习作业，既不会增加学生的学习负担，又可以直观地了解学生的预习效果。

圆圈图由一个大圆包含一个小圆组成。小圆圈位于大圆圈的中心，用以书写中心词，而两个圆圈中间则用以书写通过中心词联想到的关键词。联想的关键词可以是文字，也可以是简单的图片。它多用于定义某事或者进行联想，可以有效训练学生思维的广度。

学生在预习课文之后，自主完成圆圈图——根据中心词进行头脑风暴。老师在课前可以快速查阅和批改学生的圆圈图，以了解学生的现有认知水平，为下一步的课堂教学提供可靠依据。

在进行"辛亥革命"一课教学前，我给学生的预习作业就是制作一个以"辛亥革命"为中心词的圆圈图（见图3-2-11），要求学生在圆圈图中写出由"辛亥革命"所联想到的关键词。其评价标准是：①数量上，10个以上；②质量上，全面、精练、相关；③形式上，美观、不编号、不成排。

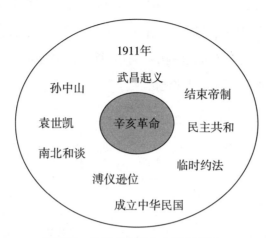

圆圈图：你对辛亥革命有哪些了解？

图3-2-11

## （二）流程图：梳理历史事件脉络

因许多历史事件纷繁复杂，其往往是一个大的历史事件中又包含若干小的历史事件，容易导致学生记忆产生混乱。因此在历史教学中，历史教师应该尽量清晰地向学生展示历史事件发生发展的整个过程。但仅仅靠历史教师的口头传授，无法给学生留下深刻和直观的印象。因此在以往的实际教学和观课过程中，我常常发现学生在学习了历史事件后，很难将历史事件的发展过程准确地描述出来。

在思维可视化工具中，流程图可以有效帮助学生梳理清楚历史事件的脉络。流程图又称"程序框图"，简称"框图"。它是用规定的图形、流向线和文字说明来表示步骤、顺序、流程等的图形，展示或构建事物的演变、情节的变化、步骤的执行（程序性知识）等过程。流程图可用于培养学生的程序性思维、统筹能力、时间意识。

在教学辛亥革命的过程时，教师可以让学生自己阅读教材和补充史料，观看相关视频，然后组织学生以小组为单位，合作制作辛亥革命的流程图。流程图（见图3-2-12）的评价标准是：①数量上，流程10个以内；

②质量上，步骤详略得当、符合顺序、精练、准确；③形式上，规范、美观、工整。学生绘制好流程图后，选择一至两个小组上台展示，其他小组的学生进行点评和完善。在此过程中，学生通过自主分析历史事件的发展脉络，深化了对历史事件的认识和记忆。

小组合作：请画出辛亥革命的流程图

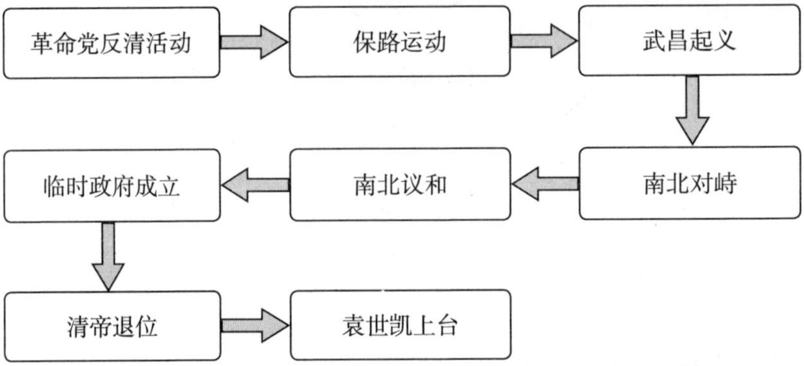

```
┌──────────────┐      ┌──────────────┐      ┌──────────────┐
│  革命党反清活动  │ ──→ │   保路运动    │ ──→ │   武昌起义    │
└──────────────┘      └──────────────┘      └──────────────┘
                                                     │
                                                     ↓
┌──────────────┐      ┌──────────────┐      ┌──────────────┐
│  临时政府成立  │ ←── │   南北议和    │ ←── │   南北对峙    │
└──────────────┘      └──────────────┘      └──────────────┘
        │
        ↓
┌──────────────┐      ┌──────────────┐
│   清帝退位    │ ──→ │   袁世凯上台   │
└──────────────┘      └──────────────┘
```

图3-2-12

### （三）双气泡图：比较分析历史事件

比较思维，即通过对两种相近或相反事物的对比进行思维，寻找事物的异同及其本质与特性。比较思维在人类认识活动及科学研究中发挥着重要作用，是人类思维的基本形式之一，也是布卢姆认知目标中的高阶思维层次。在历史课堂教学中运用比较思维，不仅有利于学生形成"古今贯通，中外关联"的历史知识体系和基本的比较史学素养，也有利于培养学生思维的灵活性和创造性。但在对关于历史学科对学生比较能力培养的研究文献进行分析后，我发现大多数研究仅仅停留于理论层面，无法提出具体可操作的教学方法和途径。许多历史教师尽管意识到了培养比较思维的重要性，但苦无良好的方法。在此情况下，学生的比较思维没有得到真正的发展。当他们在考试中遇到历史比较类考题的时候，往往无从下手，无法取得理想成绩，也无法将科学的比较思维运用于生活之中，做出理性判断。

双气泡图是将学生的比较思维进行显性化和发展比较思维的一种有效工

具。双气泡图由两个气泡图结合而成。它有两个中心词，分别是需比较的两个事物。在两个中心词之间的气泡中，书写这两种事物的相同点；在两个中心词两侧的气泡中，书写这两种事物的不同点。

在学习了辛亥革命的内容后，为培养学生的比较思维和知识迁移的能力，我组织了一次双气泡图的教学活动，要求学生小组合作，对戊戌变法和辛亥革命两个近代化历史事件进行对比，分析出它们的异同点，共同制作一张双气泡图（见图3-2-13）。双气泡图的评价标准是：①对比数量多，相同点3个以上，不同点3个以上；②质量上，对比要点涵盖事件各个方面，精练、准确，时间不同点对应书写；③形式上，绘图美观，文字工整。

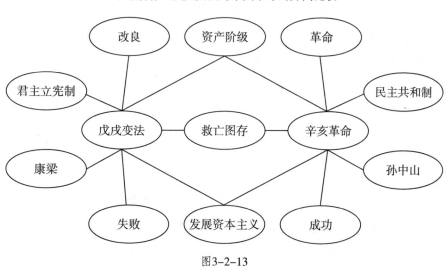

小组合作：戊戌变法与辛亥革命的异同比较

图3-2-13

### （四）思维导图：建构历史知识体系与培养构思解题能力

思维导图又称心智导图，是表达发散性思维的有效图形思维工具，它简单却很有效，是一种实用性的思维工具。思维导图运用图文并重的技巧，把各级主题的关系用相互隶属与相关的层级图表现出来，把主题关键词与图像、颜色等建立记忆链接。思维导图作为众所周知的一种思维可视化工具，也是最早和最经常被历史教师应用于教学之中的工具。

　　思维导图在教学中最主要的作用多是帮助学生建构历史知识体系。我常常在课堂中利用思维导图进行板书，帮助学生梳理该课的知识。我也会布置任务，让学生在周末的时候自己绘制单元思维导图，形成单元知识网络。但仅仅如此，使用思维导图显然还停留在知识层面的应用，没有发挥思维导图激发发散性思维的作用。

　　思维导图还有另一个很容易让历史教师忽视的作用，那就是它可以帮助学生在解题时尤其是撰写历史论述题或小论文时厘清思路，构建一个合理的写作体系。例如，在上完辛亥革命之后，可以布置学生写一篇历史小论文，论述辛亥革命是否成功了。在我平时和学生的交谈中了解到，许多学生因不懂论证思维而害怕写历史论述题，总觉得无话可说。这时思维导图可以发挥其激发发散性思维的作用，作为写作的脚手架，帮助学生构思解题，形成写作大纲，为最终成文做好准备。例如，针对上面的小论文，就可以用思维导图（见图3-2-14）制作出以下写作大纲。

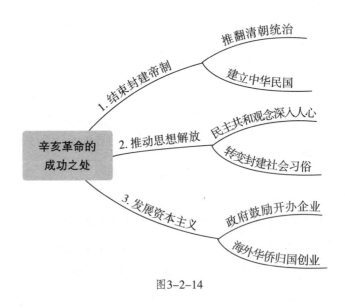

图3-2-14

## 三、教学建议

### （一）历史教师必须转变传统的教学理念

教师理念决定着他的教育行为，任何教学改革都必须坚持理念先行的原则。在进行思维可视化教学之前，历史教师首先必须转变传统的教学理念。长期以来，大多数教师实行弗莱雷所称的"银行储存式"教学，将历史知识的传递当作历史教育的主要目标。在新课改后，无论是组织学生进行自主学习还是合作学习，大多数历史教师所期待的学生学习结果依旧逃离不了"知识获得"这个局限。随着移动互联网时代的到来，知识的获取在弹指之间即可实现，"知识获得"的重要性进一步下降。那么，历史教育比知识传递更高的价值在哪里呢？除了培养人文素养之外，当属培养学生的思维能力了，这与国家倡导培养学生核心素养的理念实质上是不谋而合的。在进行思维可视化教学的时候，历史教师不应该仅仅将思维可视化工具当成提高学生记忆知识能力的工具。华东师范大学思维可视化教学实验中心主任刘濯源教授认为思维可视化教学兼有"小用"及"大用"。"小用"是让知识更易被理解和记忆；"大用"是发展学生的思维能力及学习兴趣。因为只关注知识而不关注知识背后的思维危害巨大，容易让学生厌学、思维能力弱化和缺乏创造力。换言之，思维可视化教学不仅不会妨碍学生历史知识的获得，还能促进学生思维的发展。

### （二）历史教师应该恰当使用思维可视化工具

在选择思维可视化工具进行历史教学的时候，切忌"为了使用而使用"。不同的思维可视化工具的作用各不相同，应该选择合适的内容来加以应用。如双气泡图适合在对同类历史事件进行比较的时候使用。在初中历史教学中，并非每一节课都有适合让学生开展比较思维训练的历史事件，所以并不是每节课都适合使用双气泡图。教师也应该避免"过度使用"思维可视化工具。毕竟每节课的时间是有限的，不同的学习内容适合重点培养学生某一方面的思维，所以一节课选择一两种思维可视化工具进行教学即可，否则将产生过犹不及的反效果。在初始阶段，教师可选用较为简单的思维可视化工具，随着师生经验的积累再逐步采用难度更大的工具。当然，通过认真阅读相关书籍、参加相关培训和不断在实践中反思是提高历史教师思维可视化教学水平的必要途径。

### （三）历史教师应该选择合适的思维可视化技术

思维可视化技术本身并没有太高的设备要求，一支笔和一张纸或黑板即可将思维过程或成果展示于他人眼前。随着信息化时代的来临，教育技术的发展也日新月异，现在也可以使用Mind Manager、XMind、Free Mind、IMind Map、Microsoft Office、Metafora、Insight Maker、Stella等计算机软件来绘图。此外，手机或平板电脑所开发的思维可视化App也越来越多。应该说，手绘和信息软件各有优缺点。手绘比较简便易行，可以增强学生的印象，但耗时耗力，不易保存。信息软件功能强大、图示美观、易于修改和储存，效率比较高，但受到学校或家庭的硬件条件的制约。总之，教师应根据学校的条件和自己的需求选择合适图示的绘制方式和呈现方式。但随着国家教育信息化的进一步推进，历史教师将越来越多地使用信息化软件来实现思维可视化教学。

## 四、结语

超越知识获得，将历史课堂聚焦于思维养成才能有效提高教学效能。思维可视化将神秘无形的思维通过有形的图示呈现出来，使思维培养更加具有操作性和可行性。当前，关于初中历史的思维可视化教学的研究非常少见。本文提出的一些思维可视化工具是在初中历史课堂中的初步尝试，经实践证明，在学生学习成绩的提高和逻辑思维的发展方面具有积极的作用。思维可视化教学还有许多工具可供使用，同一种思维可视化工具可能还有不同的思维方式尚待发掘。如何进一步优化初中历史思维可视化教学，还需进一步地深入探索和实践。

参考文献

［1］刘濯源. 思维可视化——减负增效的新支点［J］. 中小学管理，
2014（6）：10–13.

［2］赵国庆. 八大思维图示法［M］. 北京：北京师范大学出版社，
2018.

［3］王志军，温小勇，施鹏华. 技术支持下思维可视化课堂的构建研
究——以小学语文阅读教学为例［J］. 中国电化教育，2015（6）：
116–121.

［4］赵慧臣，王玥. 我国思维可视化研究的回顾与展望——基于中国知网
2003—2013年论文的分析［J］. 中国电化教育，2014（4）：10–17.

（深圳市龙岗区宝龙学校　郑耿标）

# 思维三元理论在历史教学中的应用

　　思维是智力的核心成分，思维品质决定人与人之间的思维乃至智力的个
体差异。正因为如此，思维教学目前在世界上越来越受到人们的广泛关注。
世界银行在2011年的报告中指出，更高水平的思维技能教育如解决问题、创
造力和学会学习，对未来的经济增长至关重要。新加坡总理吴作栋在第七届
国际思维会议上提出所有新加坡学校都应该成为"思维型学校"，从而使新
加坡成为学习型国家（Saravanan）。当前，我国中小学思维教学的研究也
取得了不少成果，但还存在不少研究的缺失甚至是真空地带。例如，思维课
程开发与实施的研究尚未真正普及。历史学科在培养学生思维方面应发挥其
自身特殊意义和作用，但遗憾的是，作为一门知识性学科，许多教师往往将

教学的注意力放在学生历史知识的积累而忽视了思维能力的培养和发展。思维教学教什么？怎么教？只有明确了这些，才能在历史教学中有效培养学生的思维。斯滕伯格的思维三元理论较为系统地回答了关于思维教学的相关问题，为历史教师开展思维教学指明了方向。

## 一、思维三元理论概述

斯滕伯格是世界闻名的心理学家，他最大的贡献是超越智商论，提出了人类智力三元理论。智力三元理论强调了在问题解决中认知过程的重要性，他认为智力包括三个部分——成分、经验和情境，它们代表了智力操作的不同方面。依据智力三元理论，斯滕伯格提出了思维三元理论。该理论包含了三种思维模式：分析性思维、创造性思维和实用性思维。三种思维含义及应用领域如表3-2-2所示。

表3-2-2

| 思维方式 | 含义 | 应用领域 |
|---|---|---|
| 分析性思维 | 分析、批判、评价和判断的思维方式 | 学术问题 |
| 创造性思维 | 新异的、符合任务要求的和高品质的思维方式 | 学术或日常新奇问题 |
| 实用性思维 | 将理论运用到日常生活的思维方式 | 日常生活 |

思维三元理论认为智力是分析的、创造的以及实用的信息加工过程三者的平衡。换言之，智力不是固定不变的，可以通过培养人的三种思维方式均衡发展而得以提高。

斯滕伯格认为这三种思维模式同等重要，没有哪一种能够代替其他两种。但遗憾的是，我们学校教育和评价往往只重视分析性思维，而忽略另外两种思维。在这种情况下，学校培养出来的人往往缺乏创造力和不善于解决实际问题。考试得到高分的人，在其他方面却不怎么样。事实上，我国恢复高考40多年来产生的各地高考状元，几乎都没能成为行业的领军人物。这充分证明了我国传统教学的局限性和斯滕伯格对于思维教学的理解的正确性。

思维三元理论认为，三种思维方式背后的认知过程或者技能其实是一致的。只不过不同的人善于或者说习惯于将它们运用于不同的领域，因此产生了不同的思维方式。如分析性的人善于将这些认知技能运用在解决熟悉的问题尤其是学术性问题上。这些相同的认知技能包含确定并定义问题、程序的选择、信息的表征、策略的形成、资源的分配、问题解决的监控以及问题解决的评价等。因此，只要学生掌握了这些技能，就可以很好地解决学术问题和生活问题，成为一个具有良好思维方式的人。那么，在教学中应该采取什么策略来提高学生的思维水平呢？对此斯滕伯格提出了三种思维教学策略。

## 二、三元思维理论的教学策略

### （一）教学策略介绍

斯滕伯格提出三种可供教师选择使用的教学策略，它们是照本宣科策略、以事实为基础的问答策略和以思维为基础的问答策略。斯滕伯格认为教师应该通过言传身教来影响学生，应该保持言行一致，不能说一套做一套。教师如果想通过思维策略影响学生，必须以身作则，亲身示范。

照本宣科策略也就是我们常说的传授式教学，教师通过讲授的方式传递教科书的内容，师生之间很少或几乎没有互动。以事实为基础的问答策略也就是问答法，在教学中教师向学生抛出大量问题，这些问题主要是为了引出事实。师生之间互动非常频繁，但每次互动时间较短，通常不会就某个问题刨根问底。这两种教学策略适合培养分析性思维。斯滕伯格认为，以思维为基础的问答策略是最适合思维教学的，这种策略又称对话策略。在这种策略中，教师提出问题以刺激学生的思维和讨论。而通常教师所提的问题是开放性问题，没有固定和正确的答案，并且会针对某个问题刨根问底。在这种策略中，师生之间的界限趋于模糊，教师更像一个协助者或促进者。三种不同教学策略的特征与用途如表3-2-3所示。

表3-2-3

| 策略 | 特征 | 用途 | 示例 |
|---|---|---|---|
| 照本宣科 | 教师以讲课形式呈现材料，师生或学生之间互动最少 | 呈现新信息 | 教师："今天我将给大家讲述法国大革命。" |
| 基于事实的问答 | 教师提问主要是为了引出事实。教师的反馈是"对"或"错"。师生之间互动频繁，但不会就某个问题刨根问底。学生之间互动很少 | 复习刚学的新知识。测试学生掌握的知识。作为照本宣科策略和对话策略的桥梁 | 教师："法国大革命是什么时候发生的？当时的国王和王后是谁？" |
| 基于思维的问答（对话策略） | 教师提问是为了刺激学生的思维与讨论。教师评论学生的反应。师生之间和学生之间存在大量的互动 | 鼓励课堂讨论。在关键时刻激发思维 | 教师："法国革命与美国革命有哪些相同点？又有哪些不同点？" |

### （二）教学策略的使用

#### 1. 提倡使用对话策略

对话策略也是最适合发展学生的思维，因此在历史教学中应该倡导使用对话策略，通过师生对话、生生对话来促进学生高阶思维的发展。在这样的课堂中，教师的角色是课堂任务的组织者而非知识的传授者。教师通过某个或几个没有正确或固定答案的历史问题引导师生和生生对话的开展。例如，评价某个历史人物、比较两个或多个历史事件的异同点、为历史人物解决历史问题提建议等。这一类的历史问题具有开放性的特点，只要言之有据都是合理的。学生没办法通过翻阅教科书就能找到答案，而是通过独立思考或小组讨论才能解决的问题。

应该注意的是，采用对话策略的前提是学生已经对该历史主题有了一定程度了解的情况下才可能开展对话式的讨论。如果学生对将要讨论的问题没有任何的知识积累，那讨论将是无源之水、无本之木。这样的讨论不仅无法激发学生的思维发展，反而容易给学生造成一定的心理压力，使学生厌恶这种学习方式。

### 2. 综合使用不同教学策略

尽管对话策略在提高学生思维方面明显优于其他两个策略，但并不意味着在历史教学中教师必须完全摈弃另外两种教学策略。事实上，不同的教学策略具有不同的用途。迷信一种教学策略，可能带来上课效率低下、学生审美疲劳等问题。在实行新课改之后，"自主、合作、探究"的理念可谓深入人心，被某些学校领导奉为"圣经"。这些学校强制要求教师每节课都必须开展小组合作学习或自主探究学习，否则视为违背新课改理念，将受到领导的批评教育。这些对转变学习方式的机械化理解导致了大量教师的无所适从和大量课堂时间的无端浪费，引发了不少人对新课改的质疑。斯滕伯格认为在实际教学中，每种策略都应该占有一席之地。

历史教师应该在教学中综合使用不同教学策略，具体采用什么样的教学策略应随教学目的或教学情境而定。如果有大量的历史知识需要在课堂中呈现给学生，可采用照本宣科策略进行。如果要检查学生对新学历史知识的掌握情况，可采用基于事实的问答策略，还可使用基于事实的问答策略将照本宣科策略和对话策略衔接起来。

斯滕伯格还指出，教学策略的使用受到教师人格、学生偏好以及所教科目特征的影响。多年的教学经验使我得出这样的认识：同样的教学设计或策略，不同的教师采用的效果也因人而异。同样的教学设计或策略，在同一年级的不同班级使用，往往得到的是不同的教学效果。有些教师讲课特别精彩，运用照本宣科的教学策略非常出色，那么在课堂中就可以更多地采用这种策略。相反，有些历史教师虽然口才一般，但善于挖掘历史问题，组织能力强，则适合多开展对话策略。对于历史这个学科来说，完全放弃照本宣科的教学策略是十分不明智的，因为这就意味着放弃了历史叙事的魅力。成功的教学，应该在充分发挥自身优势的情况下将不同的教学策略相结合。

**3. 鼓励学生提问**

斯滕伯格认为进行对话教学有许多方式，鼓励学生发问是最好的一种。遗憾的是，在我的历史课堂中很少看到学生主动提问的情况。长久以来，大部分学生已经养成了被动听课的习惯，缺乏主动思考的习惯，即习惯作为知识的接收者，或者说他们的思维以"海绵式思维"为主。要让学生养成主动提问的习惯，可能需要历史教师采取一定的强制手段。例如，在每次预习新课的时候，要求学生至少提出一个问题。又或者在新课结束之后，根据学习内容提出问题。刚开始可以以小组为单位，每组提出一个问题，进而提高要求，以个人为单位，每人提出一个历史问题。

针对学生的提问，斯滕伯格提出了七个等级的回应方式，其中最高级是：鼓励学生评估答案，最后一一验证。事实上，我们在生活中不仅要善于发现问题，也要善于解决问题。所以，当学生提出问题的时候，最好的做法是让学生学会使用"假设—验证"的科学思维方式来解决问题。这种科学思维方式，实际上与历史学科的"论从史出"思维方式具有内在的逻辑统一之处。历史学家在解决某个历史问题的时候总是先形成一个历史假设，再寻找历史证据去验证自己的假设，最后形成具有说服力的历史结论。如在学习秦始皇的时候，如果学生提出"秦始皇是不是一个暴君"这个问题，就可以让学生自己先做出假设，假设这个历史结论是对的，那么他们需要寻找什么证据来证明自己的假设呢？这样的思维教学，不仅利于发展学生的历史思维，也利于发展学生的科学思维，更可以引导学生将这种思维迁移到生活情境之中，为学生的人生决策提供有力的思维工具。

## 三、历史思维教学的目标、评价与模式

斯滕伯格认为，任何单一的教学法和评价方法都只利于某种类型的能力。但他又认为加德纳的多元智能理论从实践上来看适合改造学校的课程体系，而三元理论的优势在于它可以广泛应用于所有学科和领域之中，两者并不互相冲突。因此，三元思维理论可以很好地应用于历史教学中。

### （一）历史思维课堂教学目标

三元思维理论详细阐述了人类知识的用途——为了分析的、创造的或实用的目的，因此他提倡教师综合使用上述三种思维教学策略，以使学生的思维能力得到综合发展，不仅兼顾分析、创造、实用，也要兼顾记忆。在历史教学中，由于我们习惯于使用照本宣科的教学策略，致使很多学生只在记忆或分析性思维方面得到片面发展，而其他思维能力则几乎被完全忽视。比如我们在这种教学方式下，很难培养出具有创造力的学生。近年来虽然大力提倡培养学生的创造性思维，但也仅仅局限于理化艺术学科，在历史教学中历史教师似乎难以有所作为。实际上，若我们能够落实三元思维理论，历史学科也是可以培养学生的创造性思维的。历史教学不应该偏重于某种思维的培养，而应该使学生获得均衡的发展。综合培养各种思维发展的另一好处在于可以使全部学生得到发展，而不是部分学生。

根据三元理论，我们还可以根据授课内容选择和设计下列的一些教学目标，使学生的思维得到均衡的发展。三元思维理论在教学目标设计中的应用如表3-2-4所示。

表3-2-4

| 分析性思维 | 创造性思维 | 实用性思维 |
|---|---|---|
| 引导学生： | 引导学生： | 引导学生： |
| 比较和对比 | 创造 | 应用 |
| 分析 | 发明 | 使用工具 |
| 评价 | 想象 | 实践 |
| 批评 | 设计 | 运用 |
| 问为什么 | 展示 | 展示在真实世界的情形 |
| 解释为什么 | 假设 | …… |
| 评价假设 | 预测 | |
| …… | …… | |

例如，在教学"秦统一中国"一课的时候，就可以分别设置以下几个思维维度的教学目标：

分析性思维——引导学生比较秦的中央集权制度与分封制的不同之处。

创造性思维——引导学生想象其他六国人在被秦统一后，生活会发生哪些变化。

实用性思维——引导学生讨论秦始皇的统治措施及其后果对今天的国家治理有何启示。

### （二）历史思维课堂教学评价

除此之外，历史学科还需要变革教学评价。目前历史教学评价大多局限于评价学生的记忆能力和分析性思维，缺乏对其他思维能力的评价。因此我们需要变革教学评价，扩大评价的范围，不能再局限于评价学生的分析性思维。那么，我们可以如何进行评价呢？历史教师在设计教学活动或教学评价的时候，可以根据三元思维理论设计包括分析的、创造的和实用的问题。例如在教学第二次世界大战的时候，我们可以设计这些教学或评价问题。三元思维理论在教学评价中的应用举例如表3-2-5所示。

表3-2-5

| 分析性思维 | 创造性思维 | 实用性思维 |
| --- | --- | --- |
| 1. 第一次世界大战之后德国有哪些事件导致纳粹主义的出现？<br>2. 比较第一次世界大战和第二次世界大战有哪些异同之处。<br>3. 请你评价下第二次世界大战中中国对世界的贡献<br>…… | 1. 如果不用原子弹，还有没有别的方式促使日本投降？<br>2. 根据当前的世界局势，预测人类是否还会发生第三次世界大战，为什么？<br>3. 请你用电脑软件为本国制作一个第二次世界大战募兵的宣传视频<br>…… | 1. 第二次世界大战有哪些教训适用于今天的世界？<br>2. 请你在地图中指出第二次世界大战轴心国的位置。<br>3. 请用时间轴画出第二次世界大战的重大事件<br>…… |

### （三）历史思维课堂教学模式

斯滕伯格等根据问题解决的思维过程的研究基础，设计了四步思维教学模式。四步思维教学模式的步骤分别是：①熟悉问题；②组内解决问题；③组间解决问题；④个人解决问题。这个四步思维教学模式在教学实验中被应用于各个教育阶段，并取得了良好的效果，因而历史思维课堂可以参照这个教学模式进行设计。

第一步，熟悉问题。教师首先要向学生呈现一个历史问题，这个历史问题必须能够激起思维，而不是可以轻易就在课本中找到答案的问题。斯滕伯格认为进行思维教学的问题最好与学生的生活相关，以利于学生将来把思维技能迁移到生活之中。而林崇德则提出能够激发学生思维的问题最好是可以引发学生认知冲突的问题。但是对于学生而言，有时候教师呈现的问题他们并不能完全理解，所以需要根据学生经验重新定义问题，找到"真正问题"所在。

第二步，组内解决问题。这个步骤也是让学生学会通过团队合作的方式解决问题，因为与他人合作是一项非常重要的社会技能，学生需要在走出社会之前就掌握这项技能。在这个过程中，教师应该作为一个旁观者，尽量不参与他们的讨论。在讨论结束之后，教师再对各个小组解决问题的过程进行点评，指导他们更加高效地开展今后的小组合作。

第三步，组间解决问题。这个阶段应挑选个别小组提出解决问题的方法或可能的答案，其他小组与该小组进行比较，甚至可采用辩论的方式展开讨论。组间讨论可以进一步开拓学生的思维，增加思维的广度。小组间的比较或竞争对学生也有一定的督促作用，可以激发学生的小组凝聚力，促使学生想出更好的解决方法。

第四步，个人解决问题。根据维果斯基的知识获得模型，个别问题解决应当放在群体问题解决之后。通过组内和组间解决问题，此时个人已经内化和接近了解决问题的方法。个人解决问题的时候，学生在脑中重现在组学和群学中观察到的解决问题过程与巩固问题解决的思维技能。

问题是激发思维的重要因素，在这一点上斯滕伯格与杜威的思维教学思想是一致的。杜威认为问题决定思维的目的，目的控制着思维的过程。思维困惑时争取找到解决办法是整个思维过程中持续的导向作用因素。所以，斯滕伯格的四步思维教学模式本质上是一种PBL（problem based learning），即基于问题的学习。

## 四、结语

历史教学长期以来被诟病灌输式教学，实际上既不利于学生思维的发展，也不利于历史学的发展，更无法应对当今社会对批判性思维和创新思维人才的需求。虽然斯滕伯格思维三元理论的提出距今已有20余年之久，但作为思维教学的经典理论却历久弥新。在今天中国思维教学热潮兴起之际，重新认识和解读斯滕伯格思维教学思想，对于历史教师开展思维教学、构建思维型课堂仍具有非常高的理论与实践价值。

**参考文献**

[1] 林崇德.思维心理学研究的几点回顾 [J].北京师范大学学报（社会科学版），2006（5）：37-44.

[2] 郅庭瑾.为思维而教 [M].北京：教育科学出版社，2007.

[3] 罗伯特·斯滕伯格，斯威林.思维教学：培养聪明的学习者 [M].赵海燕，译.北京：中国轻工业出版社，2008.

[4] 丁际旺.怎么想就怎么教 [M].北京：教育科学出版社，2017.

[5] 林崇德，胡卫平.思维型课堂教学的理论与实践 [J].教育研究与评论：小学教育教学，2010（9）：92.

[6] 杜威.我们如何思维 [M].伍中友，译.北京：新华出版社，2014.

（深圳市龙岗区宝龙学校　郑耿标）

# 运用口述历史提升初中生历史解释能力初探①

## 一、核心概念的界定

### 1. 口述历史的定义

美国历史学家唐诺·里奇认为："口述历史是指由准备完善的访谈者，以笔录、录音或录影的方式，收集、整理口传记忆以及具有历史意义的观点。"北京大学历史系杨立文教授认为："口述历史最基本的含义，是相对于文字资料而言，就是收集当事人或知情人的口头资料。它的基本方法就是调查访问，采用口述手记的方式收集资料，经与文字档案核实，整理成文字稿。"

### 2. 历史解释的定义

在新课标出台之前，部分学者对"历史解释"进行了较为细致的研究。冯一下在《试论历史解释的界定——"历史解释与历史教学"专题研究之一》中提出，历史解释是人们解析和阐述过往事物的历史思维活动，并明确历史解释主体是人，客体是过往的事物。邓京力在《历史理解与历史解释的辨析》中明确提出，不要将"历史解释"与"历史理解"相混淆，历史解释作为学科素养的重点词汇，与历史理解有本质区别。

随着2017年高中历史新课标出台，历史解释的定义已经非常明确："历史解释是指以史料为依据，对历史事物进行理性分析和客观评判的态度、能力与方法。""所有历史叙述在本质上都是对历史的解释，即便是对基本事

---

① 本文发表于《中学历史教学参考（下半月）》2021年第7期。

实的陈述也包含了陈述者的主观认识。人们通过多种不同的方式描述和解析过去，通过对史料的搜集、整理和辨析，辩证、客观地理解历史事物，不仅要将其描述出来，还要揭示其表象背后的深层次因果关系。通过对历史的解释，不断接近历史真实。"有学者认为其是"历史学科核心素养的核心"。

## 二、运用口述历史提升初中生历史解释能力的必要性

### 1. 历史解释素养的掌握是历史课程标准的重要要求

2017年新版高中历史课程标准明确提出："唯物史观、时空观念、史料实证、历史解释、家国情怀"是历史学科的五大核心素养。历史解释素养是诸素养中对历史思维和表达能力的要求，是核心能力，是检测学生历史学习能力的重要指标。因此，培养学生的历史解释素养显得尤为重要。

历史学科核心素养"不仅适用于高中历史教育，同样也适用于初中历史教育"。因此对初中生历史解释素养的培养同样重要。

### 2. 初中生历史解释能力较弱且跟不上历史考试的新趋势

我在总结深圳市2018—2019学年度初三学生历史考试错题类型的过程中发现：学生的错题及难题的类型多为同类，并且多为理解材料型的题目。比较典型的例子为2019年深圳市各区教研室出的初三模拟题，学生错题难题一般为考查历史解释素养的题目。由此可见，学生历史解释能力较弱。

近年来，历史考试中增加了"新材料"比例，已经从往年注重考查学生识记、对既有历史结论的理解并运用的方向偏向于考查学生对特定历史材料（从未见过的材料）的理解。除了这个客观因素外，我也总结出作为学生历史知识重要来源的历史教材偏重呈现教学结论，对历史过程补充不足，也进一步引导教师在授课的过程中向历史结论倾斜。而学生对课文重点内容识记后，容易形成思维定式，在做题中，容易先入为主，倾向于书中已有的结论，造成错题。综上所述，我认为，初中生历史解释素养较弱的原因主要是教材编写者对过程性学习的忽视。

**3."口述历史"与"历史解释"都是重视过程的学习**

基于"口述历史"与"历史解释"概念对比，口述历史注重的是过程整理与归纳，与历史解释的能力要求中对史料的收集、整理和解释有异曲同工之妙，都是重视过程的学习，有利于改变学生认为学习历史主要就是学习历史结论这样的固化思维。

英国历史学家约翰·托什认为："口述史的重要意义不在于它是不是真实的历史或作为社会群体政治意图的表达手段，而在于它证明了人们的历史意识是如何形成的。"据此，我们还可以得出更深层次的认识：在历史事实的背后，人们是怎样想的？是如何看待他们的过去？人们又从他们的过去中得到些什么？当学生带着问题，而不是带着结论去进行口述历史的活动时，学生会发现，同样的一些信息，他们会得到各种不同的结论。

**4."口述历史"符合初中生的能力及兴趣要求**

东北师范大学课程与教学研究所的周勇在《西方中小学的口述史课题及"火狐计划"》中较为详细地叙述了一个美国普通学校的老师，通过开展学生口述史小课题，编写成书，销量竟然达到了400万册的真实事件。这既是口述历史的魅力，也让我们看到了"口述历史"在初中生中开展的可行性和趣味性。口述历史活动可以理解为降低难度的口述史小课题，口述历史的话题也可以丰富多样，对象可以是最亲的亲人，对学生来说，这是一件可行又饶有趣味的新鲜事。

## 三、活动实例

**1. 比赛类：以重大节日为依托，开展口述历史采访活动比赛**

在本学期的国庆节到来之际，我们举行了"为祖国庆生——我是小小历史访谈员"活动，采用就某一个人的特殊经历进行的单人采访或者就某一话题进行的多人采访的形式。

本次活动一共征集到三个年级作品686份，初一为435份，初二为245份，初三为6份，其中不乏优秀的采访记录和采访图片、视频材料。其中一等奖有10份，二等奖有20份，三等奖有31份。活动主题主要为抗美援朝老兵、越战老兵、大饥荒的年代、我的教师爷爷、我父辈的生活等，以围绕家庭成员为中心进行采访。

"不同年代的人面对饥荒，都是那么的无助，现在的生活真的来之不易。""在听奶奶讲的时候，我似乎就看到了他们上山挖草根，孩子们没得吃，饿得哇哇叫的情形。"听着采访对象的叙述，孩子们也在体验着历史，他们也会追问："为什么有些人家里还有吃的？"听着历史叙述，他们在进行着历史的思考，也在进行着自己的历史叙述。

"原来爸爸以前读书也很厉害，只是现实让他没办法读下去了。""在那么危险的时候，爷爷毫不犹豫选择了去参军，真的是很勇敢。"通过采访，学生们意外地发现了他们的父辈、祖辈竟然有这么多勇敢的时刻、光荣的时刻和无奈的时刻。这不仅加深了他们对父辈、祖辈的了解，更增添了对前辈和祖国的感恩之情。在倾听历史的过程中，学生的价值观也得到了正面的深化，家国情怀油然而生。

**2. 作业类：以寒暑假为依托，布置趣味口述历史采访作业**

在本学期寒假之前，我们给初一年级布置了"趣味寒假作业——不一样的年味"的作业，要求学生访谈三位不同辈分的人，分享过去春节家里常做的三件事情和现在春节家里常做的三件事情，并填写记录表格，访谈者写上访谈感受。相比比赛类口述历史活动，作业类的难度就降低了很多，要求也更加具体，如此安排是为了降低难度，让绝大多数初一学生都能够完成作业。

让我们惊喜的是，大部分学生的作业质量较好，真情实意，态度认真。绝大多数作业都按照要求完成了三人的采访，我们收到学生作业498份，完成率也很高。

开学后，我让口述历史采访作业优秀的同学进行了课堂展示。我们欣赏着不同地区、不同时空下的新年习俗，却都感受到了中国人对新年团圆的期盼和快乐。

此外，我进一步引导学生总结出三代人对新年看法的共性。祖辈对新年的回忆总是艰苦而又快乐的。那是个物资匮乏的年代，但年味很浓；现在的新年，他们总是感到满意，改革开放后丰衣足食的生活，就是他们期盼的新年。父辈的儿时新年娱乐和食物开始丰富起来，新年总是能吃饱，还有不错的压岁钱；对于现在的新年，父辈比起祖辈有更多的落差感，他们总觉得现在的年味比以前少了许多。同辈的采访对象也怀念儿时的新年，他们大多数对现在新年的期盼已经变成了家人团聚。随着时代变迁，我们的物质和娱乐丰富了，但是我们却更怀念那浓浓的人情味和更加珍惜家人之间的团聚。此外，我还让学生总结了近年来过新年的方式、食物、娱乐、仪式等的变化。最后我们发现，时间在变，辈分不同，人们对于一家人团聚的愿望却从未改变。家，应该是新年的第一要义。

此次作业，学生们进行了实践、表达、讨论和总结，这不仅是对历史解释素养的培养，更是一次历史核心素养的培养。

**3. 视频展示类：以学校大型活动为依托，开展视频采访班级展示活动**

适逢学校举行校运会，学生们开展了校运会视频采访活动。通过对运动员、义工家长、老师、后勤人员等不同角色、不同工作的人进行口述历史的采访，访问他们对比经历过的校运会的差别和感受，学生可以理解校运会的过程性和年代性。

本次视频采访活动后，我们把收集到的优秀作品在班会课上进行了展示。视频采访活动的特色在于进行口述历史采访的同时，兼顾班级展示的作用。很多学生在校运会中大多数只完成自己的运动项目或者在大本营休息，所以当他们看到校运会背后需要那么多人的支持才能完成的时候，也在强化活动的过程性体验。通过采访者的回忆，大多数记忆都是现代校运会项目的增多、运动器材的更新和食物供给的丰富。很多超过40岁以上的成年人并没有校运会的经历，对现在孩子的生活表示羡慕。

## 四、运用口述历史活动提升初中生历史解释素养的成效体现

（1）从历史解释的定义看，"历史解释是指以史料为依据，对历史事

物进行例行分析和客观评判的态度、能力与方法。"历史解释本质上是历史叙事，当学生通过参与口述历史活动，对了解的历史事件进行书面表达、口头表达的过程，其实就是历史叙事的过程，也就是提升历史解释能力的过程。

（2）从活动的参与度来看，学生对三个口述历史活动的参与度达到了90%以上，学生切实参与到了口述历史采访活动中，这也是历史解释能力的一种锻炼。

（3）从活动的作品内容来看，学生不仅锻炼了历史表达能力和思维能力，而且在时空观念、家国情怀、史料实证和唯物史观四个核心素养方面均受到了切身的启发和锻炼，历史解释素养作为核心素养的纽带，其他素养的提升对其核心素养的提高也有促进作用。

（4）从调查问卷的数据来看，在三大活动开展后，我们对初一年级学生进行了无记名的问卷调查活动，随机抽查了295名初一学生，形成了"口述历史活动成效的调查报告"。数据显示，81%的初一学生认为口述历史活动的参与对提升"历史解释"能力有帮助或非常有帮助，54%的初一学生能够在史实与历史解释选项中区分出历史解释。主观和客观的数据都体现了学生历史解释能力的提高。

（5）从活动的反响程度来看，学生、家长和学校领导均对活动非常支持，并对活动呈现的成果非常满意。最重要的是，学生在活动的过程中积极参与，增进了师生、家长和孩子之间的感情。

（6）从活动举办主体来看，历史科组教师为继续进行"口述历史活动"积累了宝贵的经验和资料，教师们也在活动中进一步增强了历史解释素养的培养意识，为课堂教学中历史解释素养的培养打下了一定的基础。

## 五、运用口述历史活动提升初中生历史解释素养的注意事项

### 1. 口述历史活动开展的过程要关注不同的重点

活动开展前的重点在于对学生进行方案的培训和宣传，要把宣传落实到

历史课堂，引起学生的重视，更重要的是帮助学生解答疑惑，提高作品的达成度。活动过程中，我们需要继续为有疑问的学生答疑。收集完作品，我们的重点则是对学生的作品进行反馈，这是非常重要的一步，旨在对学生进行鼓励，让口述历史活动对提升学生历史解释素养的作用最大化。教师对作品进行分类归纳，并利用学校宣传区、历史课堂、班会课等，进行优秀作品的展示、奖励，提升学生的成就感。学生通过书面表达、口头表达的方式展示自己的作品，旨在提高学生的历史表达能力，而教师的归纳和引导则旨在提升学生的对比、归纳、分析等历史思维的能力。

**2. 口述历史活动的开展要把握不同类型的难易程度**

在本次课题的实践活动中，人们尝试开展了三种不同类型的口述历史活动。较难易程度而言，作业类最为简单，设定好了提问题目和主题；比赛类次之，必须自己选题和设置题目；视频展示类最难，除了需要设置口述历史问题外，还要求有必要的拍摄工具，其他类型都可以一个人完成，而视频展示类则需要多人合作完成，如至少需要一个人访谈，一个人负责拍摄。由此，我认为，口述历史活动的开展可根据难易程度，对不同年级有所侧重，如初一可以先从作业类活动开始，相当于入门级，初二、初三则比较适合开展视频展示类活动，而有了口述历史活动经验后，学生才较为适合进行比赛类活动。弄懂这些先易后难的次序后，学生开展口述历史活动的时候更能良好地发挥，有更多的收获。

**3. 口述历史活动的开展要对学生的价值观进行正面的引导**

从学生的口述历史采访中，我们也看到了个别被采访者有比较特别或者偏激的观点。这可以看作他个人的历史叙事，但需要教师引导学生对不同的历史理解进行区分。什么才是正确的历史解释？黄牧航教授在《历史解释有优劣之分吗？》一文中大概阐述了这样的看法：合理的解释有很多种，只有符合历史价值观的才是好的历史解释。初中生价值观还没有形成，教师需多方面对学生进行引导并且进行分析，从唯物史观的角度去看问题，理解符合历史主流价值观的观点才是正确的历史解释。

## 六、思考及展望

### 1. 优化口述历史活动形式，细化不同层次学生角色

我们在进行口述历史课题活动中，发现学生历史能力的不足也从一定程度影响了活动作品的呈现，学生历史能力的参差，并不能通过增加活动次数来得到较大的改善。这与学生能获取的口述历史对象资源也有关系，在之后的活动中，我们可以采用小组结合的方式，以实现团队内的帮扶，让口述历史活动能力较强的学生进行活动组织，同时还能锻炼学生的组织领导能力。

此外，我们可以尝试用口述历史的方式开展小课题活动，以满足个别能力较强的学生的需求，这也是基于维果斯基"最近发展区"理论的要求，通过适当提高难度，以激发学生的挑战欲望。不仅可以锻炼这些学生的历史解释素养，还可以让学生把历史思维运用到探究实际生活的问题中。

### 2. 开展口述历史活动社团，增强学生开展口述历史活动的能力

口述历史活动的开展可以是一件比较专业化的事情。由于初中学生的历史知识储备较少，且没有经过专业的训练，访谈效率不高，缺乏对问题深挖和追问的技巧，会有获取的口述历史价值不大等问题。为了提升学生的访谈能力与技巧，我们可以组织开展口述历史活动社团。在学生的报名名单中，教师选取一部分优秀学生组成早期的社团骨干，以历史功能室为基地，利用每周二第八节的社团时间，通过教师讲解、观看口述历史实录视频、参观本校系列活动中的优秀口述历史作品、阅读口述历史著作、进行口述历史问题设计交流等方式，组织学生开展口述历史采访技巧的学习，以培养口述历史技能。同时，社团也可以把历史功能室作为优秀口述历史作品的展厅，进行口述历史活动的长期宣传，并把口述历史资料进行分类收藏。

### 3. 编撰口述历史活动校本课程，实现课题延展

经过本学年系列口述历史活动的开展，建立了部分口述历史活动的模型。接下来，我们可以以此模型为科组教师提供参考，进行更多的模型创建，并以此作为口述历史活动校本课程的经验材料依据。结合实践经验与口

述历史资料，我们将逐步探索口述历史活动课程的开发。最后以科组为单位，并以口述历史活动社团为依托，努力完成校本课程的编撰，进行校本课程的讲授和完善。

**参考文献**

［1］黄牧航.历史解释有优劣之分吗？［J］.中学历史教学，2018（8）.

［2］杨立文.论口述史学在历史学中的功用和地位［J］.北大史学，1993（1）.

［3］陈莺.初中历史新课程改革中的口述史教学［J］.新课程（教师版），2006（10）.

［4］何兆武.历史事实是不断变化的——历史理解和历史解释离不开价值观［J］.中学历史教学参考，2017（19）.

［5］约翰·托什.口述的历史［J］.史学理论，1987（4）.

［6］王永刚.初中历史学科核心素养刍议［J］.中国历史教学参考，2017（14）.

［7］中华人民共和国教育部.普通高中历史课程标准［M］.北京：人民教育出版社，2017.

［8］朱可.历史解释是历史科学核心素养的核心［J］.历史教学（上半月刊），2017（9）.

［9］［美］唐诺·里齐.大家来做口述史［M］.王芝芝，译.台北：远流出版公司，1997.

［10］任晔."历史解释"素养研究动态——以2016—2017年部分研究成果为例［J］.中学历史教学参考，2018（14）.

（深圳市龙岗区坪地中心　黄清娟）

# 尺规学习法在初三历史教学中的运用

## 一、当前存在的问题

面对迅猛发展的信息时代，面对深化课程改革、发展学习者核心素养的要求，我们不禁反思现状：当前仍有部分初三学生对学习过程中的错误不能进行有效的归纳和反思，对旧知识的迁移和新知识的深层次加工存在方法与思维方面的欠缺，由此导致学习效率低下。要解决这些迫切的问题，关键在于是否有更好的教学策略或思维方式可以帮助学习者构建知识体系，反思经验教训，并在其能力范围内提出改进自身的学习方式和思维方式的解决措施，使其最终变成独立的学习者。

近年来，我对天盘工具、尺规工具等云思维工具进行了多方面的实践运用，并取得了一定的探索成果。本文将从尺规学习法入手，探究其在初三历史教学中的运用及实践意义，希冀能从不同的视角帮助一线教师解惑在教育教学中遇到的痛点、难点。

## 二、尺规学习法在教学中的运用

云思维工具中的尺规工具通常是由双金字塔、全系统思维盘（天盘）、规律转化器三个部分组成（尺规工具基本模板如图3-2-15所示）。在尺规工具基本模板的基础上，初步探索出适合初三学生在不同学习情境中使用的三种尺规学习方法——尺规讲故事、尺规写诗（歌）、尺规整错题。

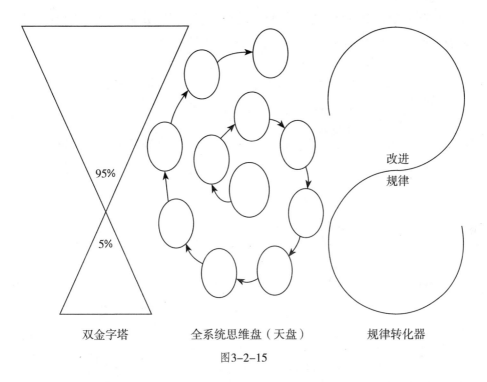

| 双金字塔 | 全系统思维盘（天盘） | 规律转化器 |

图3-2-15

"双金字塔"中下三角的5%指的是事物的表象，是可见的部分；上三角的95%指的是需要我们探究的事物背后的本质的东西。

"全系统思维盘"用于罗列探究事物的基本要素。

"规律转化器"自下而上，分析该事物的现实规律，从而提出未来的改进策略。

### （一）尺规讲故事

拓展型课程作为基础型课程的补充，其对学习者的学力发展有着重要的作用。在"初中历史小故事"的第二课堂中，学习者将课前收集的历史小故事，利用尺规讲故事模板（见图3-2-16）整理成可视化的思路，并在拓展课上与小组成员分享故事。例如，在"第二次世界大战"的主题拓展课中，学习者根据任务单上的提示，自行查找与之相关的历史故事，并借助尺规讲故事模板进行信息加工——首先，在"双金字塔"的下三角中填写历史故事名称，在上三角中记录故事内容关键词。再者，在"规律转化器"的下方注明印象深刻之处，上方分享故事给自己的启发或收获，从而使历史思维由隐性走向显性。

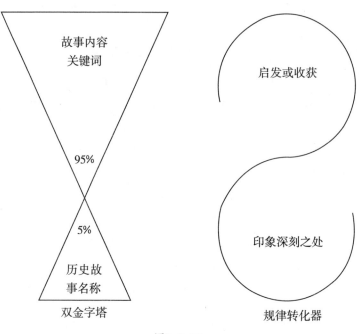

双金字塔　　　　　　　规律转化器

图3-2-16

### （二）尺规写诗（歌）

初中学生正处于从形象思维向抽象思维过渡的时期，历史创作于他们而言，难在如何将具体的历史概念转化为对抽象的历史本质和规律的认识，并将这些认识融入个人创作之中，而联结的关键点应是某条具体可操作或可视化的路径。基于此，尺规写诗（歌）借助半结构的可视化流程图（见图3-2-17），引导学习者罗列出与某一主题息息相关的若干中心词，随后在"全系统思维盘"中通过追忆的方式复盘与中心词有关的若干特征词，再由若干中心词和特征词汇编成一首诗（歌）。学习者对"全系统思维盘"的灵活运用将不断地刺激大脑的图形感知能力，锻炼自身的历史解释能力和逻辑推理能力，激发个人的创造力。与此同时，该方法将学习者的历史素养、文学素养以及艺术素养有效地融为一体，是对跨学科育人路径的新尝试。

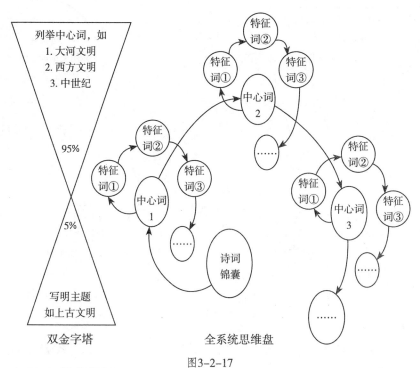

图3-2-17

## （三）尺规整错题

建构主义认为："学生是信息加工的主体，是意义的主动建构者，而不是知识的被动接受者和被灌输的对象。"运用尺规模板整理错题集（见图3-2-18），学习者将在"双金字塔"的下方写明主题，上方罗列错题对应的考点名称；"全系统思维盘"以错题集为中心，学习者用关键词罗列已错考点及相应的知识漏洞或思维盲区，以达到自我查漏补缺之效；在"规律转化器"中，学习者需要自下而上地按要点反思错因，并在上方的改进之处提出适合自我的改进措施。

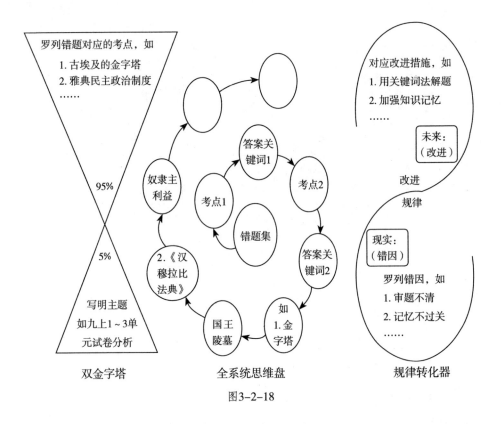

图3-2-18

通过该方法，学习者可以在短时间内按"主题—已错考点—知识漏洞或思维盲区—错因—改进"这一模式对错题进行可视化加工处理，从而对自我的学习态度、策略、方法和效果等方面进行审辨性思考和阶段性评价，逐步调整学习习惯和思维方式。

## 三、尺规学习法的教学实践意义

### （一）学思通达，知行合一

建构主义认为："知识不是通过教师传授得到，而是学习者在一定的情境即社会文化背景下，借助其他人（包括教师和学习伙伴）的帮助，利用必要的学习资料，通过意义建构（指事物的性质、规律以及事物之间的内在联系）的方式而获得。"基于云思维的尺规学习法有助于学习者深入理解旧知

识所反映的事物的本质和规律，以及事物与其他事物之间的内在

学习者从原有的知识经验中生长新的知识经验，帮助学习者实现

的统一。

## （二）思维提升，减负提效

思想是行为的先导，在教学中运用技术培养学习者的思维能

要。各国际组织在核心素养的制定中都关注到学习者应用技术的相

重视发展学习者的思维能力，强调培养学习者运用技术解决问题的

规图作为一种可视化思维工具，可以使学习者在线上或线下参与到

的全过程中，提供适合可视化的行动线索，保持当前任务的可视化

能够解决复杂问题，由此减轻思维负担。通过可视化组织，尺规图诸

构型、半结构型或开放型的模板，将解决问题过程中的各种思维结构

多种直观、形象和清晰的结构图，便于学习者在此基础上进行信息加

义建构，切实减轻学习负担，提高学习效率。

## （三）改进反思方式，实现有效评价

从系统科学的角度上看，尺规学习法在本质上具备系统科学原理

系统、全面、整体观察事物、看待事物、了解事物原貌的有力工具体系

教育学的角度上看，尺规学习法倡导实践式的主动学习模式，要求学习

"做中学""实际演练"，通过主动梳理、自我思考的方式总结学习内

作为认知工具，尺规图的建构反映了知识点与改进措施之间的相互关系，

是学习者对过去所学的知识梳理、自我反思、解决问题的综合贯通的表征

力。在绘制尺规图的过程中，学习者可以清楚地了解自己的知识漏洞，及

反思，并有效地调整自己的学习。同时，教师可以评定学习者对某个领域

识掌握的"盲区"，探查其发生错误的原因，基于学情改进教学方式，为学

习者提供更及时、更有效、更有针对性的优化辅导，从而减轻师生双方的负

担，促进"教"与"学"的有效融合。

## 四、结语

尺规学习法作为一种支架教学策略，其实是一个基于学习者"最近发展区"的临时性支架结构，致力于提高学习者的思维品质和自治能力。究其育人价值，恰如杜威在《我们如何思维》一书中所言："智育的全部和唯一目的就是要养成细心、警觉和透彻的思维习惯。"

### 参考文献

［1］王大顺，张彦军.发展与教学心理学［M］.西安：陕西师范大学出版社，2015.

［2］宋光辉，郭红霞.现代教育技术［M］.成都：电子科技大学出版社，2015.

（深圳市龙岗区石芽岭学校　曾燕玲）

# 第四章

# 信息化游戏化课堂研究成果

# 第一节  教学案例

## "内战的爆发"教学案例 ①

### 一、信息化手段

PP匠制作H5微课、Imindmap制作思维导图、希沃白板制作课件授课和开展课堂游戏活动。

### 二、教材分析

本课的课标要求是知道重庆谈判，理解中国共产党为了和平民主做出的努力，认识国民党实行独裁、发动内战的本质。本课内容上承中国人民抗日战争的伟大胜利，下接解放战争的胜利，是中国取得新民主主义革命胜利的重要过程。该课教学内容重点是了解重庆谈判的背景、目的以及成果，内战的爆发；教学难点是认识国民党实行独裁、发动内战的本质。

### 三、学情分析

学生具备一定历史问题的分析和解决能力，能在教师的指导下开展探究

---

① 本案例由郑耿标执教，林文清整理字稿。该案例获得2021年广东省中小学信息技术教育优秀论文、教学设计活动征集教学案例二等奖。

性合作学习活动；学生的历史思维能力有一定的提高，但批判性思维能力和创造性思维能力有待进一步加强；现阶段学生渴望获得表现自己、展示自己的平台。

## 四、教学目标

（1）通过完成接引性学习单，学生在合作交流中建构重庆谈判重点内容的知识体系，在史料实证过程中培养论从史出的史学素养。

（2）在情境角色扮演和知识迁移过程中，学生认识到中国共产党为和平民主做出的努力，培养家国情怀。

（3）在组内探究和组间批创过程中，提高批判性思维能力和创造性思维能力。

（4）通过希沃白板游戏激发学生的学习热情，巩固所学知识。

## 五、教学过程

### （一）课前独学，先学后教

学生通过手机观看教师用PP匠制作的微课，阅读课本，独立完成本课的学习单任务。课前的学习使学生对本课知识内容有了一定的了解，课堂上学生可以在教师的引导下用更多的时间来进行高阶思维的探究活动和知识巩固活动。

### （二）新课导入，思维冲突

以"抗日英雄的另一个身份"激发学生学习的兴趣。教师首先可以出示一个挂满勋章的抗战老兵杨良平先生，告诉学生他是抗战时期的英雄，是一名抗日敢死队的成员。但是，他还有一个不为人知的身份，你们知道是什么吗？

### （三）结对互学，体系建构

在开展小组学习之前，教师用希沃白板设计"预习大挑战"的游戏竞赛来检验学生的课前预习效果及熟悉教学内容的程度，学生在游戏竞赛的氛围中初步形成知识体系。学生进行游戏竞赛如图4-1-1所示。

图4-1-1

在游戏结束之后，教师解读国共内战的概念，明晰此次内战指的是1945年至1949年三年解放战争而非1927年至1937年的十年内战时期，由此开始本节课的重头戏之一：结对学习活动，学生完成以下接引性学习单的各项任务。

**1. 知识结构化**

（1）课前请阅读本文，将本课主要历史事件用流程图的形式表达出来。

（2）课堂上可以试着根据流程图给学生讲解课文的主要内容（见图4-1-2）。

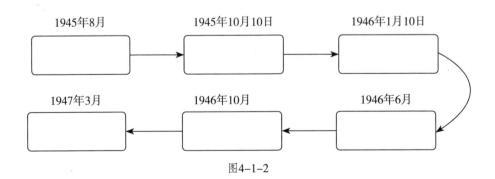

图4-1-2

　　本节课的知识结构化任务采用流程图，学生在阅读文本、梳理文本的过程中厘清时间线索和事件发展脉络，完成时间限定2分钟。在教学实践中，两名学生上讲台，一名学生讲解流程图，一名学生在黑板上板演重大历史事件的关键词，俨然就是一名"小老师"。讲解完后，一名学生可以提问："请问同学们有什么补充和疑问吗？"

　　**2. 史料实证探究**

　　1945年8月14日、20日、23日，蒋介石三次电邀毛泽东到重庆谈判，"言辞恳切"……

　　材料一：

　　民国著名画家丰子恺1945年的作品引发热烈反响（见图4-1-3）。

图4-1-3

　　材料二：

　　毛泽东绝不会来重庆与国民党谈判，我们就可借此发动宣传攻势，说共产党蓄意制造内乱，不愿和谈。

——蒋介石谋士陶希圣

　　材料三：

　　蒋介石只想打内战，他的决心已定，但他要放手发动全面内战还有许多困难。国际上，美英苏都不赞成中国发生大规模内战……蒋介石的精锐主要远在西南、西北地区，运输这些部队到内战前线需要时间。

————《为什么是毛泽东》

问题：蒋介石为什么要邀请毛泽东去重庆谈判呢？

学生同桌讨论，根据材料回答以上问题。

**（四）情境创设，激活思维**

本节课的重头戏之二——创设情境：请你和同桌模拟表演毛泽东和工作人员的对话，说说前往重庆会有危险吗？如果你是毛泽东身边的工作人员，你有什么建议？去还是不去，请说出你的理由。

学生在精彩表演中得出两个结论：不去，共产党就要担负发动内战的责任，丢了民心；去，就是冒着生命危险，尽一切可能争取国内和平，赢得民心，同时戳穿蒋介石假和平、真内战的阴谋。通过情境创设，模拟对话，还原历史场景，学生多角度看问题的思维被激发点燃了，七嘴八舌地展开讨论，在角色扮演中，学生充分体会中国共产党为和平民主做出的努力，培养家国情怀。学生进行角色扮演如图4-1-4所示。

图4-1-4

重庆谈判作为本课知识重点，学生根据教师提供的思维导图（见图4-1-5）进一步落实知识要点，明晰知识体系，突出重点。

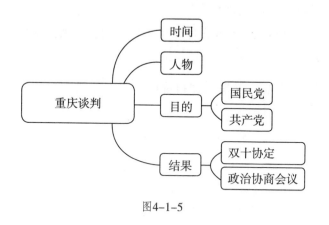

图4-1-5

## （五）组内探究，组间批创

为突破本课难点，学生能充分认识国民党实行独裁、发动内战的本质，更在探究与合作交流中提高思维品质和思维能力，设计以下探究活动：国民党为何执意发动内战？

材料一：国民党和共产党都互不信任对方，因为各自是追求不同目的的革命政党。除非是在暂时的或权宜的基础上，否则两党的合作几乎是不可能的。

材料二：国共两党互不信任的程度非常深，国民党也在1946年初拥有比共产党多几倍的军事优势，自信有能力一举摧毁敌方。

材料三：国民党内有一种普遍的感觉，认为美国不会无视中国落入共产党之手；因此，美国的警告是不能当真的。如果局势变得十分恶劣的话，美国人将别无选择地前来援助国民党。

材料四：1945年8月，杜聿明向蒋介石呈报意见，认为"战后建设最大之障碍为共产党"。杜的想法颇能代表国民党内部的强硬派……而当时美苏两国隐然对峙的形势也助长了内部强硬派的抬头。

材料五：国共双方在1945年底时，双方兵力人数比例相差悬殊。训练方面，国民党军具有长期训练的基础；中共军队大部分是在抗战期间，由后方进行游击的地方武装改编而来的。国民党军的自动武器及重火力，的确优于中共军队，机动性远胜于中共军队。

问题：根据材料和所学知识制作思维导图回答，国民党坚持发动内战的原因有哪些？

要求：先说论点，再举出材料证明。每个组员轮流讲一个论点+论据（见图4-1-6）。

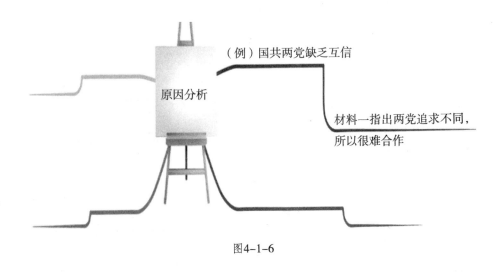

图4-1-6

具体操作：①组内探究，4人小组可以按照教师提供的范例进行题目解析，此部分的思维导图设计有助于学生发散思维，头脑风暴，提出更多的论点，并结合史料找到相关的论据，学生在组内探究中研读史料，史论结合，又锻炼思维能力。在分享组内探究成果的过程中，4人小组可以分工明确：2名学生讲解观点，2名学生可在黑板上板演答案设计思维导图，以此外化思维过程。②组间批创，教师对学生的表现给予评价后可进一步追问："其他小组有没有其他看法或不同观点？"以此来倾听其他小组的思维成果，或者对上一组学生的发言进行完善，在组间交流中提高批判性思维能力。

紧接着教师可精讲国共三年内战的三个阶段：全面进攻、重点进攻和战略防御的相关情况以及共产党人的作战智慧。

**（六）个人迁移，思维运用**

更高层次的学习在于善于迁移，强调知识的灵活运用和解决问题的能力，因此本课设计与导入相呼应的故事：抗战英雄杨良平先生在三年国共内战期间成为"逃兵"是因为本着一个信念：中国人不打中国人！升华主题的同时，教师向学生提出"知古鉴今"的问题：近年来，台湾局势越来越紧张，请你说一说，我们如何才能避免两岸之间发生同胞相残的战争。学生在提出具体措施中，对本节课内容进行思考，领悟中国共产党为中国的和平事业做出的努力，也回归当今海峡两岸的关系，进一步建言献策，提高学生创造性思维能力。

（深圳市龙岗区宝龙学校　郑耿标）

# "列宁与十月革命"教学案例

## 一、信息化手段

希沃白板制作课件授课和开展课堂游戏活动。

## 二、思维化手段

思维可视化工具的运用（双气泡图）。

## 三、教材分析

本课的课标要求是通过彼得格勒武装起义的胜利，理解列宁领导的世界上第一个社会主义国家诞生的重要历史意义。本课内容上承第一次世界大战的影响，下启苏联的社会主义建设，是俄国的重要发展历程和转折点，也是世界现代史的开端。该课教学重点是了解二月革命和十月革命的背景原因；教学难点是理解十月革命的意义、二月革命和十月革命的异同。

## 四、学情分析

（1）知识基础：初三学生经过两年的历史学习和前面课程的学习已具备一定的知识基础。

（2）能力基础：学生对历史有个人的判断能力，具备一定的分析和解决问题的能力，初步掌握学习历史的方法，但学习比较被动，思维能力的培养有所欠缺，辩证思维能力和创造性思维能力可进一步加强。

## 五、教学目标

（1）通过完成导学案的合作探究任务，学生在合作交流中建构十月革命的知识体系，在史料实证过程中培养论从史出的史学素养。（史料实证）

（2）以列宁的人生经历为时间线索，在人物情境创设和问题探究中，学生认识到俄国革命的发展历程和人民的重要性，培养家国情怀。（时空观念、家国情怀）

（3）在思维导图的绘制中，学生对比分析二月革命和十月革命的异同，在绘制思维导图和讲解展示的过程中，以此来提高学生思维能力和历史解释能力。（历史解释）

（4）通过希沃白板游戏激发学生的学习热情，巩固所学知识。

## 六、教学过程

### （一）巧克力导入，激发兴趣

实物导入，激发学生的学习兴趣。教师首先展示来自俄罗斯的国民巧克力，告诉学生它之所以是国民巧克力，是因为它见证了俄国的百年历程。而它还有另外一个名字，叫作"红色十月巧克力"，是为了纪念什么事情？通过提问，学生很快会联系到本课要学习的十月革命，由此顺利过渡到新课的学习（见图4-1-7）。

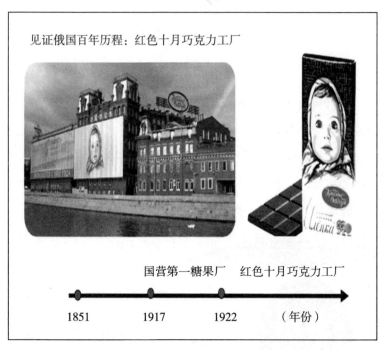

图4-1-7

### （二）人物经历，线索建构

以列宁的个人经历为例（见图4-1-8），以列宁的一生看俄国的嬗变，以"幸福童年，突逢巨变—二月风暴，十月革命—政权初建，内外交困—晚年之问，今日思考"为线索建构本课的知识体系，帮助学生形成整体认识。

1870年出生

1886年，父亲去世

1887年，哥哥因谋刺沙皇被捕，
　　　　同年被判处死刑

早期的革命探索

1914年，迎来革命契机

1917年2月，逃亡海外，抓紧回国

1917年11月，领导十月革命

1918年，三年国内战争时期

1924年，列宁去世

图4-1-8

### （三）情境创设，结对思考

教师讲述列宁幸福的童年经历（见图4-1-9），幸福的童年却遭遇了巨变：父亲去世、哥哥因谋刺沙皇被判处死刑，列宁也开始走上了革命探索的道路。教师提出疑问：列宁的哥哥为什么要刺杀沙皇？列宁明明见证了哥哥因革命而死的惨状，为什么还要走上革命的道路？

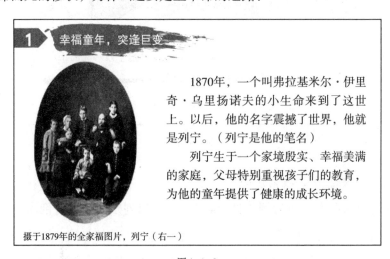

图4-1-9

由此可以引导学生以同桌为单位，结对思考，结合史料完成导学案的第一个探究任务：列宁的哥哥为何要刺杀沙皇？列宁为何要革命？

材料一：

在俄国统治者眼里，农民阶级是畜生，必须施以恫吓、束缚和监视。用皮条编成的两米长的皮鞭，只需一鞭即可使人皮开肉绽，于是成了沙皇统治威严的象征。……世纪之交的俄国农民的生活是十分贫苦的。1861年获得解放后，高额的地租和频繁的饥荒，许多农民的生活条件比以前恶化了，俄国无产阶级受剥削、压迫特别严重，工作时间一般长达10小时，但工资低微。

——《人类文明史图鉴（19）·战乱中的世界》

材料二：

19世纪末，俄国进入帝国主义阶段，俄国是小农经济占优势的国家，农业人口占全国的4/5。俄国在经济和政治生活中存在严重的封建农奴制残余……1901年，西欧资本家控制了俄国工业中最重要的部门，1913年俄国的钢产量只及美国的1/11，德国的1/8。

——（美）莫斯《俄国史》

材料三：

战争、破坏、饥荒造成的一切灾难全都压在劳动人民，压在工人阶级身上。1917年工人的实际工资，只有1913年的57.4%。莫斯科战时主要食品价格涨了8倍半，日用品涨了11倍。

——（苏）明茨主编《世界通史》

通过问题的情境创设和史料分析，学生可以总结、思考并讲述当时革命的时代背景，能理解列宁为什么要进行革命，进而突破本课的教学重点。

**（四）导图绘制，思维可视**

教师在学生了解革命的背景后，在"二月风暴，十月革命"这一板块，通过展示视频、流程图、史料，帮助学生对二月革命和十月革命有了一定的认识后，为突破本课难点，提高思维品质与思维能力，教师开展本节课的第二个探究任务：对比分析二月革命和十月革命的异同点，组学完成思维导图，具体操作如下。

（1）学生结合前面所学以及课本，对比分析二月革命和十月革命的异同点，绘制完成双气泡图（思维导图）。

（2）学生结合自己绘制的思维导图讲解展示二月革命和十月革命的异同点。

教师解析思维导图的结构和使用方法（见图4-1-10），学生讲解展示思维导图（见图4-1-11）。

图4-1-10

图4-1-11

本节课的思维可视化任务采用思维导图，教师先介绍双气泡图的结构和使用方法，学生结合前面所学和课本组学探讨完成，完成时间限定4分钟（利用计时软件）。在教学实践中，学生上讲台，结合自己绘制的思维导图进行讲解展示。讲解完后，老师和下面的学生进行点评与总结，及时反馈的同时完善知识结构。通过思维导图的绘制，使学生的思维可视化，激化学生思维的同时，深化学生对二月革命和十月革命的异同认识。

教师总结二月革命和十月革命的异同点时谈到两场革命有一个共同点就是都胜利了。对于十月革命的胜利，引出一句话："对俄国来讲，十月革命是一个句号。对世界来说，十月革命是一个感叹号！"（见图4-1-12）由此过渡到本课的第三个探究任务：组学思考"对俄国来讲，十月革命是一个句号。对世界来说，十月革命是一个感叹号"。

图4-1-12

一、二小组探讨：为什么"对俄国来说，十月革命是一个句号"？

材料一：

十月革命建立了世界上第一个无产阶级领导的，以工农联盟为基础的社会主义国家，使占俄国人口绝大多数的工人和农民第一次摆脱被奴役被剥削地位，成为国家政治生活的主人。

——《世界现代史1900—2000》

材料二：

苏联仅用几十年时间走完了西方国家上百年才能走完的工业化过程，开创了一种不同于资本主义现代化的社会主义现代化新模式，开辟出一条社会主义发展的道路。

——《大国崛起》

材料三：

1913年俄国农业总产值占国民收入的34.8%，工业和运输业仅占国民收入19.3%，到1937年苏联工业总产值已达955亿卢布，已占国民收入80%以上。苏联仅用几十年时间走完了西方国家上百年才走完的工业化进程。

——摘自《学海导航》

三、四小组探讨：为什么"对世界来说，十月革命也是一个感叹号"？

材料一：

如图4-1-13所示。

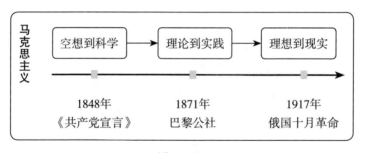

图4-1-13

材料二：

十月革命一声炮响，给我们送来了马克思列宁主义。十月革命帮助了全世界的也帮助了中国的先进分子，用无产阶级的宇宙观作为观察国家命运的工具，重新考虑自己的问题。走俄国人的路——这就是结论。

——毛泽东《论人民民主专政》

材料三：

俄国十月革命的胜利极大鼓舞了德国无产阶级的斗争……1919年3月，匈牙利苏维埃共和国成立。

——吴于廑、齐世荣《世界史》

教师过渡：随着十月革命的胜利，俄国推翻资产阶级临时政府的旧政权，建立起苏维埃政府的新政权，建立了世界上第一个社会主义国家。作为新生政权，面对国内外压力，俄国该如何巩固新生政权？

**（五）辩证思维，客观评价**

教师展示史料，帮助学生梳理了解十月革命后的政权建设。以结构图的方式分析解读三年国内战争的相关史实。在评价问题上，引导学生正确地评价三年国内战争时期的战时共产主义政策，培养学生辩证以及客观评价的思维（见图4-1-14）。

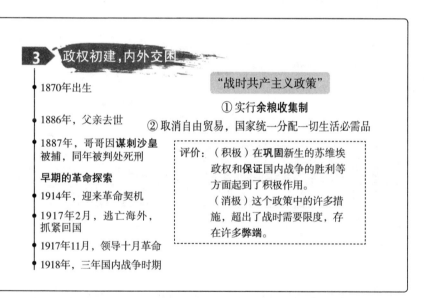

图4-1-14

教师过渡：三年国内战争的爆发也让我们意识到社会主义国家的建设并非一帆风顺，列宁晚年也曾对社会主义的建设提出过疑问。

### （六）今日思考，情怀升华

教师也展示了列宁的晚年之问和目前仅有的5个社会主义国家（见图4-1-15），引导学生意识到当前社会主义国家建设仍然面临着众多的挑战和危机。对此，教师提问：面对列宁过去的疑问、现在险峻的国际环境，作为社会主义国家的中国该何去何从？学生结合问题情境，多角度地展开讨论，活跃思维。以主人公的精神思考国家该何去何从，培养学生的家国责任感。

图4-1-15

最后，教师以党的十九届六中全会总结的"十个坚持"来回应过去的列宁之问、现在的国际挑战以及中国未来的发展方向。引导学生意识到中国的社会主义一定会发展得越来越好，而我们的自信就是来自在场的各位，来自千千万万的普通人。通过列宁的晚年之问、今日的思考、中国的答案来逐步培养学生对国家的自豪感和责任感，实现家国情怀的升华。

## （七）信息运用，游戏互动

学生参与课堂游戏活动，如图4-1-16所示。

图4-1-16

　　"智能+"时代下，为更进一步发挥信息技术在历史教育中的作用，教师利用希沃白板开展了课堂游戏活动，将"列宁与十月革命"一课中易混易错的知识融入游戏中，以俄国运动会的方式，让两位学生同场PK。学生们在玩中学，在竞争中主动思考，在玩中巩固知识，教师也能在学生的游戏活动中及时发现相应的问题，并及时点评和回馈，实现多样的教学评价。

（深圳市龙岗区横岗保安学校　李　敏）

# 第二节　应用探索

## 电子书包在初中历史复习教学中的应用探索

### ——以"侵略与反抗"专题复习为例①

　　21世纪是信息化时代，各行各业都在信息化的影响下产生了深刻的变化，教育也不能置身事外，探索教育与信息化的融合以优化课堂和促进教学效率的提高成为时下研究的热点。历史作为中考的必考科目，在实际教学中却存在课时少、内容多、学生学习负担重、学习效率低下等问题。这些问题在历史复习课中尤为突出，成为历史教师教学的一大痛点。我校历史科组鼓励教师大胆使用电子书包，拓宽学生学习渠道，积极转变教学方式，推进历史课堂改革，提高历史教学效率。经过一段时间的研究与实践，我校历史学科组在使用电子书包进行教学的过程中积累了宝贵的经验，并取得了良好的教学成效，在近几年的中考中屡创佳绩。下面以"侵略与反抗"专题复习教学为例，介绍基于AiSchool平台的电子书包开展历史复习教学的应用探索。

---

① 本文为我在初中历史信息化、游戏教学方面的探索成果，发表于《中小学数字化教学》2020年第11期。

## 一、案例概述

"侵略与反抗"作为八年级历史上册近代史的一个重要专题，该专题叙述了近代中国饱受列强侵略的屈辱历史以及中国人民英勇反抗的历史。这段历史涉及了鸦片战争、第二次鸦片战争、甲午中日战争、八国联军侵华战争、太平天国运动和义和团运动等历史事件。专题的教学重点是侵略事件及其影响和反抗人物及其历史事件；难点是历史时间的记忆和对"侵略与反抗"这段历史的理解与启发。学生已经学习过该专题，但需要将学习的知识进一步系统化和提升学生对专题的整体认知水平。在信息技术方面，学生已经能够熟练运用电子书包平台，使用平板电脑进行抢答、练习、拍照提交、游戏等操作，也能够配合教师遵守相关平板电脑的使用规则。

## 二、教学过程与分析

### （一）课前翻转自学

翻转课堂是一种教学方式的巨大变革，其是对"以教师为中心"的传统课堂的颠覆。体现"先学后教，以学定教"，进而倒逼教师的教学更有针对性，学生学习更具个性化。电子书包平台可以很好地支持学生在翻转课堂中的前置预学，他们可以在电子书包平台上根据需要观看视频，查找资源，完成学习任务。"凡事预则立，不预则废。"课前翻转自学是开展电子书包教学的一个非常重要的步骤，它可以培养学生的自学习惯，巩固学生对知识的记忆，提高听课的效率[①]。对于教师而言，电子书包平台具有的数据分析技术可以支持教师及时了解学生的学情，对其进行精确诊断，同时根据诊断灵活调整教学计划，实现因材施教。

在本课中，我将"侵略与反抗"专题的重要知识点录制成微课，在课

---

① 郭敏. 基于AiSchool的小学数学多边形面积数字化教学［J］.教育信息技术，2017
（Z2）：39-41.

前发布到AiSchool平台，并根据教学重点布置相应的习题以检测学生的自学情况。学生在上课的前一天晚上在家中使用电脑登录AiSchool平台，点击预习作业——播放和学习老师录制的微课。学生在课前学习中通过观看微课，有助于其个性化学习的开展，学生可根据个人需要决定观看微课的次数或反复播放不懂的部分以实现掌握学习的目标。观看完微课之后，学生在电脑或手机上完成教师布置的课前检测练习。在课前的自测中，我了解到有许多学生对于记忆战争时间有些困难，因此决定增加一个巩固记忆的flash游戏环节。

### （二）课堂教学与互动

### 1. 情境创设：激发学习兴趣

大多数历史教师在开展历史复习教学的时候，喜欢采用以讲授为主、练习为辅的方式。这样的复习方式通常比较枯燥乏味，尤其在讲授环节中，大多数学生感觉像是在"炒冷饭"，因此很难提起学习的兴趣。有趣的历史情境可以吸引学生的注意力，使学生提前进入学习状态。在特定的情境中，让学生产生一定的内心体验和情绪，并加强对历史的理解与认识，同时熏陶和培养学生历史人文主义素养[①]。

在设置历史情境方面，电子书包具有独特的优势，它能运用丰富的学习资源来支持情景再现，即播放有关教学内容的音乐、动画、视频、软件和游戏等，从而丰富教学内容呈现方式，激发学生的兴趣。鉴于此，我设置参观"晚清战争博物馆"的情境作为这节复习课的主线。

### 2. 时间长廊：历史时间记忆趣味化

时空观念是历史学科核心素养之一，然而时间记忆是学生复习历史时的一个难点。本专题历史事件比较多，提及历史时间时学生常常出现记忆混乱，因此教师有必要对历史事件的时间和发生顺序进行梳理。但单纯出示历

---

① 叶琼.中学历史情境创设的策略研究［D］.南昌：江西师范大学，2016.

史时间轴并要求学生背诵时间又是枯燥和乏味的，因而复习历史事件常常是历史课堂的一大挑战。而借助电子书包的强大交互功能，即可以运行各种App软件和Flash、网页等多种多样的信息化手段，历史时间的记忆可以借助游戏化的方式进行，大大提高了记忆的趣味性。

在此环节中，我在屏幕上展现了一幅充满历史时空感的博物馆走廊画面，告诉学生时间长廊上的一些与时间对应的历史事件牌被风吹了下来，需要学生们帮助博物馆挂好它们。教师向学生推送"时间长廊"的flash小游戏。学生使用平板电脑把还没贴上墙壁的历史事件与对应的时间相连接，拼出正确的历史时间轴。历史事件与时间如果拼接不正确会弹回重试，学生在不断试误中能够建立或加深历史时间与事件的正确联系。借助电子书包，教师还可以实时监控所有学生的完成情况，这对于完成任务存在困难的学生可以及时下到座位进行个别辅导（见图4-2-1）。

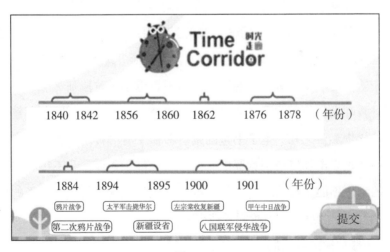

图4-2-1

### 3. 人物展馆：多维互动与小组展示便捷化

历史人物和事件纷繁复杂，但又是考试的重点。为帮助学生梳理本专题的历史人物和与其相关的事件，并在此基础上对历史人物进行评价，我设置了"人物展馆"这个环节。通过小组合作为历史人物撰写介绍和评价，学生们加深了对本专题的重要历史人物的认识和理解。教师在课前就提前给每组发了一张历史人物图。此时介绍人物展馆后，请学生帮助展馆为人物馆中展示的历史人物撰写历史事迹并做简单评价。学生以小组为单位，讨论和撰写历史人物的事迹与评价。完成后由组长用平板电脑拍照上传电子书包平台，小组上台展示以及介绍小组作品，接受其他小组的提问和点评。

电子书包具有多维互动功能，可以实现便捷的师生互动、生生互动、小组互动和人机互动。在课堂中，小组合作很必要，但小组展示往往会占用很多时间。电子书包的使用有利于提高课堂小组展示的效率，增加小组的参与率。没有机会展示的小组，还可以将作品用平板电脑拍摄后上传到电子书包的班级空间，其他学生在课后可以观赏和点评。

**4. 互动竞赛馆：巧用抢答器增加学生答题积极性**

复习课主要是为考试做准备，由此在课堂中进行练习训练是十分必要的。在进入互动竞赛馆后，教师介绍互动竞赛馆的竞赛规则，在屏幕上发布专题重要知识点的填空题、选择题形式的竞赛题目，并发送抢答指令。学生点击平板电脑进行三轮抢答，答对可以得分，答错则由其他同学补答。

初中阶段的学生在进入青春期后，就不再像小学阶段那么愿意在课堂上积极回答教师提出的问题了，所以在课堂中学生往往比较沉默，愿意主动回答问题的学生寥寥无几。电子书包的抢答器似乎有一种魔力，让绝大部分学生都忍不住去点击和参与到竞赛中。由于学生过于积极，我不得不限制已经抢答过的学生不能参与第二轮抢答。电子书包抢答器的使用让学生的积极性高涨，"青春期沉默"的尴尬问题迎刃而解。

**（三）课后检测与反馈**

教师可以通过电子书包平台网站布置课后的专题测试题，之后查看成绩反馈，根据结果调整教学或确定个别辅导的对象。学生在家中使用电脑登录AiSchool网页端完成课后检测题，根据统计结果分析自己的错误，发现学习问题，进行适当的调整。

课后检测是对课堂效果的诊断，教师和学生都可以根据检测结果进行教与学的调整，以达到掌握学习的目的。电子书包的自动批改与数据分析功能，可以有效减轻教师批改作业的负担，将多出来的宝贵时间用于改进教学设计。

## 三、电子书包的应用建议

通过在复习教学中使用电子书包，我发现它大大提高了学生的学习积极性、学习参与度和教学效率。同时，电子书包下形式多样的教学方式也使得历史复习教学的趣味性大大增强。在没有使用电子书包的时候，许多学生经常追着我问："下节课会用电子书包吗？"学生期待的情感溢于言表，这充分说明学生是非常喜欢用电子书包上课的，这也坚定了我和科组其他教师继续使用电子书包的决心。但我在使用电子书包时也发现了一些问题，针对这些问题，我提出下面几点建议，以供同行参考。

### （一）加强课堂管理

与传统课堂相比，电子书包课堂上学生人手一个平板电脑，它既是一个高效的学习工具，又很容易分散学生的学习注意力。虽然在不需要使用平板电脑的时候，AiSchool教师客户端有锁定学生屏幕的功能，但总是有漏网之鱼，不自觉的学生便会用平板电脑在课堂上上网或玩游戏。有少数学生在通过AiSchool平台进行班级讨论的时候还出现了使用不文明语言的情况，这些都影响了电子书包的教学效果。所以，从一开始，教师就应该制定电子书包的课堂规则，要求学生严格遵守。对于不遵守规则的学生，教师除了批评教育外，还可暂时剥夺他们使用平板电脑的权利。当不需要学生使用平板电脑的时候，教师可要求他们统一把平板电脑反盖于桌子的右上方，以避免分散他们学习的注意力。

与此同时，平板电脑的保存、充电和维护也需要教师特别注意。且在上课之前，教师应该指定小组组长在课间的时候负责分发平板电脑，指导组员及时开机和登录账号，避免等到上课铃响的时候才开机，影响上课的进度。教师还应有几个备用的平板电脑，以备学生的平板电脑因为故障而没有电脑可用的情况出现。在下课的时候，由组长负责把本组的平板电脑放回存放处，科代表负责清查数量，以防丢失。

### （二）提高使用效率

在使用电子书包的时候，应该避免进入一种误区——任何课堂都要坚持使用电子书包。使用电子书包的时候一定要坚持一个原则：它必须是可以提高教学效率的。如果在某节课中使用电子书包，反而降低了教学效率，那还不如不使用。

电子书包毕竟只是一种教学手段，其必须与教学内容相配合才能发挥最大效果。即使是典型的电子书包课堂，也不是每个环节都得使用电子书包，还是应该思考何时使用是最适合的，不必要使用的时候反而会影响课堂的效率。例如，我就喜欢在复习课的时候使用电子书包，因为复习课的容量很大，有大量的练习，但不需要教师进行太多讲解，所以非常适合使用电子书包上课。相反，如果是新课，需要教师进行大量精讲的课堂，这时就需要慎用电子书包了。

### （三）取得家长支持

在开展电子书包教学之前，应尽量取得家长的支持。虽然21世纪是信息化时代，但电子产品给家长带来的焦虑也是我们必须考虑的。在使用电子书包的时候，尤其是翻转课堂需要在家里使用电脑或手机完成作业的时候，常常有家长提出疑虑：让孩子频繁接触电子产品，会不会产生负面作用呢？甚至会有家长向学校领导、教育局投诉的情况发生。所以，当历史教师决定要实行电子书包教学，尤其需要学生在家中使用电脑或手机完成作业时，必须在QQ群或家长会上和家长解释清楚这样做的必要性与优势所在。同时，针对家长担忧孩子以此为借口增加玩电脑或手机的机会这一点，可以规定好完成作业的时间，避免布置太复杂和需要长时间使用电脑或手机的任务。相对而言，微课和自学检测的时间是比较好把握的，所以家庭作业应该以它们为主。必要时，可以让家长在学生使用电脑或手机的时候陪伴在旁，监督学生完成学习任务。同时，每次检测的结果也可以直接通过网络通信工具反馈给家长，让家长及时了解学生的孩子情况。也只有获得家长的谅解与支持，电子书包才能发挥最大的效果[①]。

### （四）重视与学生的沟通

电子书包有超越时空的互动讨论功能，可以突破课堂教学的时空限制。[②]在使用电子书包的时候，教师也应该重视与学生的沟通。电子书包所提供的在线交流功能非常实用，如学生在观看微课的时候会产生一些问题，这时候可以让他们直接在微课下面写评论，教师和同学可以帮忙解决。有些学生比较腼腆，平时在学校中很少主动请教老师和同学，而在电子书包平台上，他们明显会更主动。对此，教师应该及时给予肯定，鼓励更多的学生参与在线的讨论和交流。在网络中，教师将发现大部分学生蜕去了平时学校课堂中拘谨的一面，显得非常自由和活跃，这就是电子书包所起的重要作用。

电子书包是教育领域出现的新型信息化技术，能极大地摆脱传统教学的弊端，对于提高教学效率、实现个性化教学、推动学生差异性发展等都有着积极的促进作用。随着国家《教育信息化"十三五"规划》的出台和逐步落实，教育与信息化的融合将越来越深入。历史教师作为教育的实施者，应清楚地认识到电子书包是教学上的创新，是今后教学中不可避免的大趋势。因此，历史教师应不断提高自身的信息技术水平，学会如何将信息技术与历史教学进行巧妙的融合，并利用电子书包给教学带来的优势，深度挖掘学生的潜力，以此来促进学生的个性化发展。

（深圳市龙岗区宝龙学校　郑耿标）

---

[①] 杜文军，张娅. 大数据时代电子书包应用的困境与破解［J］. 教学与管理，2018（31）：5-8.

[②] 杨辉. 提高学生历史表述能力的思考与探究——以电子书包运用为例［J］. 上海课程教学研究，2018，39（11）：64-68.

# 初中历史文字冒险游戏的开发与应用探索

在迅猛发展的网络、计算机和新兴信息技术支持下，我们的生活方式已经发生了翻天覆地的变化。在此背景下，教育与信息技术的融合成为教育适应时代发展的必然选择，因此也催生了各种各样的数字化学习方式。正因为如此，有着不同教育目标的各种教育游戏也如雨后春笋般出现。教育游戏作为一种游戏化的教育活动，在创设轻松愉悦的教学环境、激发学生的学习动机和提高课堂效率等方面起着重要的作用。在初中历史教学中，我们历史老师必须积极面对信息化的潮流，及时更新知识与观念，以求借助信息化技术来解决我们所面临的教学困境。

## 一、初中历史教学面临的困境

当前初中历史教学存在什么困境呢？根据相关文献和我自身经验，大致可归纳为以下几个方面。

### （一）历史学科普遍不受学生重视

总体上看，目前初中历史的学科地位比语数英等科目要低得多。以我单位所在的地区为例，历史学科中考分数仅占总分的6.5%左右，和体育学科相当，但平时的课时量比体育要少得多。而与本地区相距不远的省会城市，历史学科甚至不是中考科目，仅为会考考查科目。由此而导致的直接后果是许多学生并不重视历史学科的学习，课堂和课后的学习积极性不高，影响了教学效果。

### （二）学生缺乏学习历史的动机

培养与激发学生的历史学习兴趣，是历史教师一个相当重要却比较困难的任务。"学了历史,究竟有什么用?"我常常遇到学生这样的提问。尽管初中历史新课程标准指出"历史课程是人文社会科学中的一门基础课程,对学生的全面发展和终身发展有着重要的意义",但目前初中以知识再现为主的评价方式却大大制约了历史课程的这种基础性功能。很多学生对需要依靠"死记硬背"来获得高分的学习方式深恶痛绝,而初中历史教师也颇为无奈,应试的压力如达摩克利斯之剑。

### (三)学生课堂参与度低

目前,在初中历史课堂中,主要的教学方式还是以知识传授为主。大多数课堂依旧是教师侃侃而谈,将历史知识和价值观灌输给学生。而学生作为被动的知识接受者,很少有机会主动参与教学活动。在这样的课堂中,学生往往提不起学习兴趣,教师则难以达到预期的教学效果。

针对目前初中历史教学中出现的问题,我认为游戏化教学可以提供一个解决的良好思路。游戏具有挑战性、趣味性、情境性和竞争性等特点,能有效地激发学生的学习动机,促使学生主动学习,同时在创设的历史情境中和在寓学于乐中提高学习成绩。

## 二、利用文字冒险游戏优化历史课堂教学

### (一)文字冒险游戏的定义

文字冒险游戏,又称文字游戏,以文字叙述为主,以CG①或动画为辅演出剧情,并设有分支和多个结局。文字冒险游戏是以教育为主要目的的文字类游戏。文字游戏最近几年在网上非常火爆,各种网络文字冒险游戏也逐渐风靡盛行,大多是以角色扮演类游戏为主,可以通过语言来模仿扮演某个人物,对该人物的心理和价值观进行重新演绎,游戏很有代入感,趣味性十足。文字冒险游戏的制作也非常简单,最著名的软件有日本的RPG制作大

---

① CG(computer graphics)指的是计算机动画,是借助计算机来制作动画的技术。大致可以分为二维动画(2D)和三维动画(3D)两种。

师、国内的橙光文字游戏制作工具等。相比其他游戏制作工具，橙光文字游戏制作工具由于快速、可视化、人性化、无编码的操作过程，且具有丰富的人物形象和场景可供选择，不需要任何编程和美图技巧，上手门槛较低，比较适合普通教师使用，这也正是作为非计算机专业出身的我使用它的重要理由。

### （二）文字冒险游戏在初中历史教学中的作用

#### 1. 创设历史情境

利用文字冒险游戏，可以为学生创设生动的历史情境。历史与学生的现实生活相距甚远，创设历史情境的目的就是拉近历史与学生生活的距离。文字游戏一般以文字叙述和对话为主，同时还有动画和音乐等丰富元素，可较好地创设对于学生来说本来遥远而陌生的历史情境。

#### 2. 提高学生的学习参与度

游戏对于绝大部分学生具有强大的吸引力，从引起巨大争议的手机游戏《王者荣耀》即可得到这样的结论。在游戏中学习，可能是学生最放松和舒服的学习方式。虽然我们开发的游戏不是很专业，但这样新颖的学习方式，学生是比较接受的。因此，开发以教育目的为主的历史题材文字冒险游戏，可以有效激发学生的学习动机，使学生主动参与到学习中来。

#### 3. 使历史学习更有意义

根据奥萨贝尔的有意义学习理论，学习分为机械学习和有意义学习。如果只是在课堂上通过教师讲授所获得的知识，多半是机械学习居多。而通过文字冒险游戏，可以有效地将学习内容与学生的个人生活体验相结合。在游戏的时候，学生全程参与和体验，几乎不存在走神的情况。因此，历史学习与学生的生活经验能够更加紧密地联系起来，使学习变得更有意义。

## 三、"平行世界历险记"案例设计

### （一）教学信息

学科：历史

教学内容：历史八年级上册"近代化的探索"专题复习①

课时：40分钟

**（二）学习内容分析**

近代化是指中国人民向西方学习，寻求新的出路的过程。中国近代化过程由学习西方的军事器物，到学习西方的政治制度，再到学习西方的思想文化，经历了三个阶段，在政治、经济、思想文化领域全面启动，逐步深入展开。本单元近代化的探索在整个中国近代史教学中起着承前启后的桥梁和纽带作用。

**（三）教学对象分析**

通过一个单元的新课教学，学生对本单元内容有了一个大致的了解。但是由于绝大部分学生课后没有及时复习，再加上初二学生的抽象思维还不发达，他们对本单元知识的了解是片面、孤立、肤浅的，知识内容并未牢固掌握。同时，初二学生对于网络游戏非常感兴趣，在课堂中可以通过玩游戏来巩固知识，对他们来说是一次十分新鲜的尝试。

**（四）教学目标**

（1）知识目标：洋务运动、维新变法、辛亥革命、新文化运动相关重要史实以及历史人物。

（2）过程与方法：学生可以通过完成游戏，增强历史时空观和提高历史分析能力。

（3）情感态度与价值观：在历史游戏情境中培养学生关心时政和祖国前途命运，培养学生爱国、救国意识和振兴中华的历史责任感。

**（五）游戏设计**

**1. 游戏背景**

采用时下非常流行的情节，主角学霸君是一个聪明好学的中学生。某天

---

① 本研究进行时使用的教材为原人教版初中历史教科书，现已经全国统一使用部编版新教材。

晚上，从另一个平行世界坐时空穿梭机的学霸君B前来寻求他的帮助，并将他带到学霸君B所在平行世界的过去去改变历史，以拯救混乱的平行世界。在这个过程中，学霸君将运用"近代化的探索"单元所学到的历史知识来完成几个任务。

**2. 任务一：王府之行**

在该任务环节中，学霸君随学霸君B来到恭亲王奕䜣的王府，利用自己的学识，一步步说服恭亲王开展"师夷长技以制夷"的洋务运动。在游戏的同时也增强了"国难当前，匹夫有责"的公民责任感和爱国主义精神。

**3. 任务二：夜会康有为**

在这个任务环节中，学霸君将到康有为所住的会馆中，给不获朝廷重用的康有为打气，并与其讨论如何宣传变法、组织变法团体等。在这个过程中，学生除了运用已经学到的关于戊戌变法的知识外，还可以体会到遇到挫折永不言弃的坚强精神。

**4. 任务三：军营惊魂**

在这个任务环节中，学霸君被时光机送到了辛亥革命时南北对峙的战场上。在这里，学霸君差点被误认为间谍而被处决。最终学霸君利用历史知识，说服士兵让自己前去与孙中山见面，同时还说服孙中山与袁世凯和谈，逼迫清朝皇帝退位，建立民国。在这个游戏环节中，通过语言的设置，学生神入历史，感受孙中山为了国家民族未来而抛弃个人利益的伟大爱国精神。

**5. 任务四：文化之旅**

在这个任务环节中，学霸君来到了新文化运动前期的上海，其主要目的是说服陈独秀接受蔡元培的邀请，到北京大学去任教。通过与陈独秀的对话，学生不仅复习了新文化运动的相关史实，也能意识到读书学习对于国家、民族的重要意义。

**6. 结局**

在学生顺利完成这四个任务后，平行世界又恢复了正常的秩序，学生也获得了运用历史知识来解决游戏难题的成就感。

## 四、实践与反思

教师在运用文字冒险游戏于初中历史教学后，学生学习历史的积极性明显提高。我常常在上课或课后被学生追问的问题就是："老师，我们这节课/下节课还有游戏可以玩吗？"这充分说明学生非常喜欢这种利用文字冒险游戏来学习历史的方式。同时在前测后，我选取了两个水平相当的班级进行实验与对比。通过课后的测试也可以发现，采用游戏进行复习的班级对单元知识掌握程度明显优于采用一般复习课的班级。

尽管实践效果不错，但我也在实践中发现了相关问题，对这种学习方式进行了反思。

首先，教师要用心设计台词和剧情。开发初中历史的文字冒险游戏时，教师应该尽量用活泼生动、贴近学生生活的语言台词，这样学生才会感兴趣，才会认真把文字看完。而剧情的设置也应该是有趣和具有挑战性的。

其次，在开发游戏的时候，历史场景和人物图片应该尽量与历史相符。例如，游戏所设定的时间是清朝，那历史人物也应是清朝时期的装扮。当然，由于许多教师并不擅长绘制图片，因此只能选用橙光游戏自带的图片或人物立绘，在玩游戏之前必须向学生说明情况，以免误导学生。

再次，教师可以组建游戏制作团队来开发游戏。虽然文字冒险游戏制作相对简单，但从构思剧情到制作游戏往往需要数天甚至是数个星期的时间，开发周期相对较长。所以，如果教师可以组织一个游戏制作团队，分工合作，就可以大大缩短开发的周期，加快文字冒险游戏的开发周期。

最后，文字冒险游戏也可以作为课后作业完成。在许多学校，由于教学设备的限制，无法让学生人手一台台式电脑或平板电脑进行游戏，可以把它当作课后作业布置给学生做，做完之后再截图向老师汇报情况。

现今，网络游戏越来越受到学生的欢迎。与其让学生花费大量时间沉浸于网络游戏中，不如将游戏与教育相结合，利用简单易操作的游戏制作平台开发文字冒险游戏，让学生在游戏中获得知识和提高历史素养。在初中历史教学中，教师学会开发和运用文字冒险游戏是顺应信息化时代发展的要求，也是符合学生心理发展阶段特征的一种有益尝试。

**参考文献**

［1］郑玉萍. 初中历史教学困境分析与对策小议［J］. 新教育（中旬），2016，5（5）：78.

［2］王继新，徐婷. 教育RPG游戏角色的设计探析——以教育游戏《虎门销烟》为例［J］. 中国教育信息化，2008（8）：38-40.

（深圳市龙岗区宝龙学校　郑耿标）